Castillos de la
Casa del Infantado

tierra de
guadalajara

131

guías

Federico Bordejé
Cristina de Arteaga

Castillos de la Casa del Infantado
y La Calahorra, último baluarte de los Mendoza

aache
ediciones

una mirada restrospectiva

Guadalajara 2024

Producción, maquetación, y edición electrónica:
AACHE Ediciones
C/ Malvarrosa, 2 (Las Lomas) - Telef. 949 220 438
19005 - Guadalajara
E-Mail: editorial@aache.com
Internet: **www.aache.com**

Impresión:
PodiPrint
C/ Cueva de Viera, 2
29200 - Antequera (Málaga)

Impreso en España - Printed in Spain

I.S.B.N. 978-84-19813-22-0
Depósito Legal: GU-27/2024

Índice

La noble estirpe de los Mendoza / 7

Castillos de la Casa del Infantado / 11

I - Castillos propios de las raíces solariegas.
País Vasco y Tierras Cantábricas / 13

Linaje de Mendoza / 15
Linaje de Arteaga / 24
Linaje de Lazcano / 30

II - Los Señoríos de Hita, Buitrago
y el Real de Manzanares / 35

III - Castillos de las Tierras de Guadalajara / 42

IV - Otros Castillos de los Mendoza / 45

Provincia de Soria / 45
Provincia de Cuenca / 49
Provincia de Valladolid / 52
Provincia de Burgos / 53
Provincia de Zamora / 54
Provincia de Palencia / 54
Provincia de Toledo / 55
Provincia de Valencia / 57
Provincia de Granada / 58
Provincia de Sevilla / 59

V - Castillos y Señoríos en el Extranjero / 60

La Calahorra,
el último bastión de los Mendoza / 63

Nota aclaratoria y agradecimientos / 85

La noble estirpe
de los Mendoza

ENTRE LA FRONDA DE LA LEYENDA GENEALÓGICA DE LA CASA DE MENDOZA, en la cual cronistas y reyes de armas, en pleno delirio barroco, querían entroncar a esta familia, en el apogeo de la fortuna, no solamente con los reyes godos, sino con Indívil y Mandonio, héroes de la resistencia hispánica en los albores de la Historia, permanece una gran verdad condensada en piedra: el castillo de Mendoza, en tierra de Álava, con su gran torreón macizo y su recinto de murallas defendido por torreones angulares. Desde esta fortaleza se dominan las llanuras alavesas, ahora tan apacibles, pero conturbadas antaño por guerras y banderías: los Mendoza se sentían fuertes en esas terribles contiendas que nos describe con su prosa de hierro Lope García de Salazar en sus *Bienandanzas e Fortunas*, que escribió en su torre de Muñatones, acosado por la multitud de sus bastardos. «Las provincias vascas –hemos escrito en otro lugar–, asoladas por las guerras entre los de Oñaz y de Gamboa, eran entonces una viva llama de venganzas y querellas... Oñacinos y gamboinos se degollaban en terribles combates, se tendían cautelosas emboscadas, a las cuales tanto se presta el montuoso País Vasco; se abrasaban vivos en sus torres de madera; las mujeres y las hijas del vencido, botín de guerra de astutas celadas, eran la más codiciada presa para aquellos insaciables varones, que contaban por docenas sus bastardos... Solamente podían competir con estos valientes solariegos, Ayalas y Salcedos desde su torre de Quejana, y los Guevara, encastillados en su fortaleza de Oñate.

Pero los Mendoza y los Ayala, estrechamente emparentados, amigos unas veces y otras rivales, eran algo más que los otros mayorazgos montaraces, que pasaban sus oscuras jornadas en banquetes pantagruélicos, en perseguir mujeres y en cacerías de hombres y de bestias, sin otra aspiración que llenar con sus nombres un rondel en el árbol familiar. Tan inteligentes como valerosos, con una temprana vocación por las letras, eran capaces de hacer un gran papel en las cortes de Castilla, de Aragón y de Navarra. Y ambos linajes, a partir del siglo XIV, fueron heredados en Castilla, llegaron a ser privados y consejeros de los reyes y alcanzaron un lugar de primacía, no ya en oscuras leyendas locales, sino en la gran historia de la España imperial.

Don Gonzalo Yáñez de Mendoza, que con don Fernán Pérez de Ayala entregó en Arciniega al rey Alfonso el onceno la provincia de Álava, fue montero mayor de este rey, a cuyo lado combatió en Algeciras, y fue el primero en establecerse en Guadalajara, cuya tierra había de ser feudo de su linaje y principal fundamento de su fortuna. Por su matrimonio con doña Juana López de Orozco, hubo este personaje los señoríos de Hita y de Buitrago, castillos famosos. Uno de sus descendientes, don Pedro González de Mendoza, fue, según el Padre Mariana, «fundador de la casa de Mendoza (digo de la grandeza que hoy tiene)». Como el canciller Ayala, su cuñado, apoyó en la crisis de la monarquía castellana al conde de Trastámara, y este acierto en la gran jugada acrecentó enormemente su poder. Pero estas fortunas no se lograban sin aventurar la vida: don Pedro murió en Aljubarrota. según la leyenda, por haber prestado a Juan I su propio caballo.

> *El cavallo vos han muerto*
> *sovid, Rey, a mi cavallo.*

Don Pedro, por su pasión por los libros, fue también el precursor del marqués de los Proverbios. Su hijo el almirante don Diego Hurtado de Mendoza «no tuvo que abrirse camino, como su padre. Nació ya hijo de gran señor y con buen pie en Castilla. Era Mendoza, Ayala, Orozco...». (Cristina de Arteaga dixit). Casó en primeras nupcias con hija natural de Enrique II. De su segundo matrimonio con doña Leonor de la Vega nació don Íñigo, marqués de Santillana, por el cual el nombre de los Mendoza no solamente está en las crónicas de Castilla y de España, sino en boca del pueblo. Don Íñigo acumuló libros y castillos y escribió larguísimos y eruditos poemas y sabios tratados que hoy nadie lee. Pero una mañana topó en los prados de la Finojosa con una graciosa vaquerilla. De vuelta en su palacio, escribió a la buena de Dios, en fáciles versos, la impresión que le había causado la muchacha. Y es por este brevísimo poema por lo que el nombre del marqués vivirá en tanto viva la lengua castellana.

Imposible enumerar las gestas de esta familia. ¡A tanto equivaldría el escribir de nuevo la historia de España! pero solamente hemos de ponderar una de sus cualidades: su pasión por el arte. De la mano de los Mendoza penetra en España el Renacimiento, y ostenta su blasón el más bello palacio señorial de España: el de Guadalajara. Para los Mendoza dibuja Juan Guas, el arquitecto de los Reyes Católicos, los primores del castillo del Real de Manzanares. Otro Mendoza (aun cuando se gloríe con ostentar el nombre del Cid: don Rodrigo Díaz de Vivar) se hace traer de Génova el más bello conjunto de mármoles renacentistas que existe en España para adornar su castillo granadino de La Calahorra. Castillos y libros son el mejor blasón de la casa de Mendoza, la de las buenas fortunas.

Y no es la menor de estas bienandanzas la de que en nuestro siglo, el de la deserción nobiliaria, cuando tantos entre los que llevan los más ilustres nombres de España venden sus palacios para acogerse a cómodos departamentos burgueses, el duque del Infantado, don Joaquín de Arteaga, ampliase el acervo de los castillos heredados con los de Viñuelas y de Requeséns y el que su hija Sor Cristina haya sido la historiadora del Linaje y haya retornado a su dignidad prístina uno de los monumentos más insignes de España: San Jerónimo de Granada, donde reposan las cenizas del Gran Capitán.

El Marqués de Lozoya

Castillos de la Casa del Infantado

por Federico Bordejé, 1970

El complejo genealógico integrado por los apellidos Orozco, Mendoza, Lasso de la Vega, Lazcano y Arteaga.

EL ÁRBOL NOBILIARIO QUE CENTRAMOS -sin duda, convencional-mente- en el linaje de Mendoza, como todos los de la antigua noble-za, presenta una gran complicación en el aspecto genealógico, no tan sólo porque su poderío en el siglo XIV arranca de raíces ajenas -como la de los Orozco-, sino porque ya a partir del mismo siglo y hasta el XIX presenta múltiples injertos y ramificaciones.

La casa ducal del Infantado se inicia en 1475, al concederse el título de duque a don Diego Hurtado de Mendoza y Figueroa, el cual, como hijo de don Íñigo López de Mendoza, el gran poeta, es ya segundo marqués de Santillana, segundo conde del Real de Manzanares y primer marqués de Argüeso.

Desde la primera mitad del siglo XVII se producen cuatro ramificaciones principales, por las cuales el tronco del linaje fundador se confundirá con los nombres de los nuevos titulares.

Así, en 1633, a la muerte de la sexta duquesa, doña Ana de Mendoza, la Casa del Infantado pasará a poder de los Sandovales o Lermas. Estos, poco después (en 1686), la cederán a la casa de Silva, por defunción de la octava duquesa, doña Catalina, de la cual, en 1770, pasará, siempre por la misma causa de sucesión indirecta, a los Álvarez de Toledo Salm-Salm. Y éstos, a su vez, la transmitirán, en 1841, a la Casa de Osuna, cuyo último titular logrará reunir una cantidad de títulos nobiliarios realmente ingente.

No es necesario explicar lo ocurrido en 1882, a la muerte del fastuoso último duque de Osuna, cuya vida corre aún entre exagerados decires e improvisadas leyendas. Desde el punto de vista nobiliario, dicha muerte, con la desastrosa ruina que le siguió, fue un verdadero terremoto, a raíz del cual volvieron a surgir una serie de casas y títulos que podían darse casi como fenecidos. En el año citado, la casa ducal del Infantado, privada de varias de sus propias y antiguas titulaciones (como los principados de Éboli y de Mélito, o los ducados de Pastrana y Estremera) recayó en la casa marquesal de Valmediano, encarnada por el sobrino del fallecido duque de Osuna, don Andrés Avelino de Arteaga, que a su dignidad de Almirante de Aragón, unía otra buena serie de títulos que los Mendoza no habían poseído nunca. De ese modo, la Casa sucesora de aquéllos pudo compensar las grandes pérdidas sufridas a través de las diferentes sucesiones y desviaciones, con otras mercedes nobiliarias que la han hecho perdurar en su rango e importancia.

I - CASTILLOS PROPIOS DE LAS RAÍCES SOLARIEGAS. PAÍS VASCO Y TIERRAS CANTÁBRICAS

Una extraña o coincidente casualidad hizo que la procedencia de las diversas ramas que desde sus principios hasta hoy iban a componer la gran casa ducal del Infantado tuvieran sangre norteña y cantábrica, representada por la de los linajes de Orozco, Mendoza, De la Vega, Arteaga y Lazcano. Por razón de esa coincidencia, reseñaremos conjuntamente las construcciones que todavía representan tales raíces, aunque de las primeras a las últimas haya gran distancia de tiempo en cuanto a su incorporación a la Casa.

Los promotores iniciales de la grandeza de la familia de Mendoza fueron los Orozco, dueños del antiguo castillo del valle y merindad de su nombre, en la raya de Vizcaya con Álava.

La casa solar de Orozco procede, según tradición, de Nuño Rasura, uno de los jueces independientes de Castilla hacia el año 850. En el siglo X, el valle de Orozco fue desmembrado del señorío de Vizcaya constituyendo el patrimonio de la familia del mismo apellido, cuyos últimos señores, en el siglo XIV, fueron don Diego y don Íñigo López de Orozco, de los cuales el penúltimo, que era el duodécimo señor del valle, asistió lealmente al rey Alfonso XI en el cerco y toma de Algeciras. Su sucesor, luego de servir al rey Don Pedro I, «el Cruel», acabó por pasarse al servicio del conde de Trastámara, a quien acompañó en la batalla de Nájera (1367), donde tuvo la desgracia de caer prisionero y de ser muerto por manos del propio rey Don Pedro.

Los Orozco, no obstante su origen, se avecindaron en Guadalajara, adquiriendo, entre otros bienes y lugares, los señoríos de Hita y Buitrago, que habrían de ser poco más tarde la base del poder de los Mendoza.

No se sabe cuál de los mencionados señores de Orozco cedió o enajenó sus señoríos de Vizcaya, de modo que doña Leonor de Guzmán, amante del citado rey Alfonso XI y madre del futuro iniciador de la dinastía de Trastámara, adquirió la casa fuerte de Orozco, con las de Oquendo, Marquina, Avendaño, etc., que después, por escritura firmada en el Campo de Gibraltar, en 1349, habría de vender a Fernán Pérez de Ayala, padre del futuro gran canciller y cronista de Don Pedro. El rey Enrique II concedió a éste los señoríos de la villa de Arciniega y de la torre de Orozco, confirmándole, además, la posesión del contiguo valle de Llodio. Según explica Lope García de Salazar en sus *Bien andanzas e Fortunas*, fuente capital de la que no puede prescindirse en las referencias de los hechos sucedidos en el Norte vasco y cantábrico, los sucesores de Ayala aumentaron el señorío de Orozco, si bien su dominio no fue aceptado por los vecinos del valle, que en un pleito que, según Madoz, duró cerca de doscientos setenta años, consiguieron, en 1782, que el valle fuera reincorporado a Vizcaya, con título de merindad, por sí solo y con voto propio en las Juntas Generales de Guernica.

Torre de Landa o Leguizamón, en Orozco (Vizcaya)

Por enlaces y sucesiones indirectas, el señorío de Orozco llegó al final a enquistarse en otro buen linaje vizcaíno, cual era el de Leguizamón, del que quedan, además de algunas otras desaparecidas, varias torres o casas solares esparcidas por la provincia, entre las que sobresale, para nuestro objeto, la subsistente en la anteiglesia de San Juan de Orozco, en el valle y merindad del mismo nombre, conocida hoy como la **Torre de Leguizamón o Torrelanda**, situada en la orilla izquierda del río Arnaubi. Es ya una construcción harto desfigurada, desmochada según parece hace unos ochocientos años, si bien conserva muestras de sus aprestos militares.

LINAJE DE MENDOZA

CASTILLO O TORRE MAYOR DE MENDOZA
(Álava)

Cuna solariega del linaje, rodeada por un recinto rectangular, con torreones en sus ángulos, que la convierten en una pequeña, pero atrayente fortaleza.

Esta torre, exponente de la antigua Hermandad de su nombre, formaba con otras once una de las seis cuadrillas en que se dividía la antigua provincia o tierra de Álava. Entre esas hermandades, subordinadas en cierto modo a la de Mendoza, figuraba justamente la de Gamboa, que fue cuna de uno de los grandes bandos de los siglos XIV y XV, contra el que precisamente lucharon los señores de Mendoza.

Según Amador de los Ríos, el origen del linaje se remonta hasta los reyes de Navarra, en tanto que Pérez de Guzmán y el mismo y José López García de Salazar lo hacen provenir del Cid, dando, además, una interpretación al apellido Furtado, por alusión a un niño de origen real a quien, por ser ilegítimo, hurtaron y llevaron a Álava. Hay otras fuentes que hacen figurar a un Íñiguez de Mendoza en la conquista de Toledo, en 1085, en tanto que otro López de Mendoza se halló en la batalla de las Navas.

Torre de los Mendoza, cerca de Vitoria.

Este es el solar primitivo del linaje de Mendoza, plenamente vasco.
Esta fue una de las doce torres que conformaban
las seis cuadrillas en que se dividía la primitiva tierra de Álava.

En esta torre estuvo situado el Museo de la Heráldica de Álava,
y que ahora ha sido cerrado. Aunque mantenía una gran colección
de piedras armeras talladas y gran profusión de emblemas.

Los Mendoza, una vez trasladados a Castilla, siguieron en relación con sus lugares solariegos. Así, en el testamento del almirante de Castilla don Diego Hurtado de Mendoza, padre del futuro primer marqués de Santillana, firmado en 1400 (cuatro años antes de su muerte), citaba precisamente en las tierras de Álava a *la Casa de Mendoza, con mis lugares de Foncoa e Arenis e Achávarri e Domayquia e las Hermandades.*

La torre de Mendoza ha sido recientemente restaurada por la Diputación Provincial de Álava con intención de convertirla en Museo[1].

TORRE DE UGARTE O DE MENDOZA
(Anteiglesia de Gamir, Vizcaya)

Con la denominación de Ugarte, existen aún unas cuantas torres o casas solariegas, aparte de otras que desaparecieron, entre ellas, la que se conservaba dentro del antiguo recinto murado de Bilbao.

La de la anteiglesia de Gamir perteneció a la casa de Mendoza y actualmente se halla rebajada y cubierta por tejado. Tiene 12 metros de altura por 9 de anchura y conserva saeteras y la puerta ojival, alzada en la segunda planta, con restos del patín o escalera de acceso a la misma.

No lejos de esta torre y en la anteiglesia de Fica, cerca de Munguía, existió otra casa armera de Mendoza, que parece era una magnífica fortaleza acompañada por varias ermitas, con sepulcros abiertos en la peña.

LINAJE DE LOS LASSO DE LA VEGA
TORRE DE LA VEGA
(Montaña de Santander)

De la torre alzada sobre el lugar llamado inicialmente Pando, que fue cuna de la casa de la Vega y perduró hasta el siglo XIX,

---

1   Los Duques del Infantado mantuvieron posesión de la Torre de Mendoza hasta 1856 en que fue vendida al vitoriano Bruno Martínez de Aragón y Fernández de Gamboa. En 1984 fue declarada la Torre de Mendoza como Bien de Interés Cultural, y entonces se instaló en ella el Museo de la Heráldica de Álava. Pero en 2012 se cerró este Museo por no cumplir las condiciones de normativa de accesibilidad, y porque en ese año la Diputación Foral de Álava, la devolvió a sus propietarios que la habían cedido para ese fin museístico. (Nota del editor).

no quedan apenas vestigios. Se alzaba contigua a la iglesia-capilla destinada al panteón señorial, en la que, según Amador de los Ríos, nació el lema del AVE MARIA, que habría de ser uno de los motes heráldicos más sobresalientes de España, si bien se le da otros orígenes, seguramente legendarios.

El linaje de la Vega, vinculado después en los Lassos, parece remontar a los tiempos del rey-emperador Alfonso VII, en los comienzos del siglo XII.

TORRE DEL MERINO
(Santillana del Mar)

Fue el exponente de los nueve valles de "las Asturias de Santillana", lugar de behetría. En 1341, dichos valles o Asturias fueron otorgados en señorío, por el rey Alfonso XI, a Gonzalo Ruiz de la Vega, a cuya muerte fueron vendidos a Garcilaso del mismo apellido, adelantado mayor de Castilla, cruelmente asesinado, en 1351, en Burgos, por orden del rey Don Pedro I. En 1367, el dominio de los valles recayó en su nieta doña Leonor de la Vega quien, por su segundo matrimonio con el almirante de Castilla don Diego Hurtado de Mendoza, que pasaba por ser el hombre más acaudalado de su tiempo, iba a ser la madre de don Íñigo López de Mendoza, nacido en Carrión de los Condes el 19 de agosto de 1398 y nombrado en 1445 primer marqués de Santillana[2].

---

2   Sobre el marqués de Santillana existen varios estudios generales de gran rigor y utilidad. Además de HERRERA CASADO, A.: *El marqués de Santillana. Marco, ruta y significados vitales*, Ayuntamiento de Guadalajara, 1998, conviene consultar LAPESA, R.: *La obra literaria del Marqués de Santillana*, Insula, Madrid, 1957; FOSTER, D.W.: *The Marques de Santillana*, TWAS, New York, 1971; DELGADO, J.: *El Marqués de Santillana*, Colección «Enciclopedia Literaria», nº 41, Buenos Aires, 1968; AMADOR de los RIOS, J.: *Vida del Marqués de Santillana*, Buenos Aires 1947 ; PÉREZ BUSTAMANTE, R.: *El Marqués de Santillana (biografía y documentación)*, Santillana del Mar, 1983; ARTEAGA y FALGUERA, C.: *La Casa del Infantado, cabeza de los Mendoza*, Madrid, 1940; LAYNA

Torre del Merino, en Santillana del Mar (Cantabria)

Torre del Infantado, en Potes (Cantabria)

TORRE DEL INFANTADO
(Potes)

Recia construcción, lamentablemente desfigurada para alojar al Ayuntamiento del lugar. La pésima restauración alteró la prestancia del edificio, al borrar algunos de sus más importantes elementos, como el de su primitiva puerta o entrada, abierta en la segunda planta, y al dotarla de adornos, cual los enquistados en plena fachada principal, alrededor de un reloj municipal, que pudiera haberse resuelto de otro modo. Sus alrededores han sido igualmente desvirtuados mediante una urbanización que ha hecho perder a la torre todo su prestigio y encanto.

Potes fue, a su vez, cabeza de los Estados de la Liébana y de otros valles y alfoces, que llegaron a componer 58 concejos, heredados de su madre (la abnegada Dª Leonor de la Vega) por D. Íñigo, el marqués. En ella se resumen los hechos, a veces trágicos, de las competencias familiares promovidas alrededor de la propiedad de esos dominios, cortadas enérgicamente en 1444 por la intervención del primogénito D. Diego, futuro primer duque del Infantado, que allí hizo sus primeras pruebas, pues que, enviado por su padre, logró imponer, a costa de algún sangriento episodio, el mandato de su Casa.

SERRANO, F.: *Historia de Guadalajara y sus Mendozas en los siglos XV y XVI*, AACHE Ediciones, 1993, especialmente el tomo I; PECHA, H.: *Historia de Guadalaxara y como la religión de San Geronymo en España fue fundada, y restaurada por sus ciudadanos*, Institución de Cultura "Marques de Santillana", Guadalajara, 1977; PÉREZ BUSTAMANTE, R.: *Íñigo López de Mendoza, marqués de Santillana*, Santillana del Mar, 1981; PEREZ y CURIS, M.: *El Marqués de Santillana, Íñigo López de Mendoza. El poeta, el pensador y el hombre*, Montevideo, 1961. (N. del E.)

CASTILLO DE ARGÜESO
(Cerca de Reinosa)

Este castillo constituye la construcción militar más notable de la provincia de Santander.

Hasta ahora ha sido muy poco conocido, por hallarse casi en despoblado y no tener fáciles accesos. Pereda lo cita alguna vez en sus obras, pero sus antecedentes son escasos y apenas divulgados. Corresponde a los siglos XIII o XIV y está compuesto por dos grandes torres rectangulares, alzadas sobre elevado emplazamiento e ingeniosamente unidas por un cuerpo central residencial, de modo que cada una de las torres pueda flanquear abiertamente a uno de los dos largos frentes que el castillo ofrece. Una barbacana, a modo de barrera exterior, rodea y cubre la fachada principal, donde se abre la entrada.

El lugar y su fortaleza pertenecían igualmente al marqués de Santillana, por lo que en 1475 los Reyes Católicos concedieron este marquesado a su heredero, el anteriormente citado D. Diego Hurtado de Mendoza, casi al mismo tiempo que le hacían primer duque del Infantado.

Castillo de Argüeso, cerca de Reinosa (Cantabria)

VILLA Y FORTALEZA DE SANTANDER

Aunque no logró ninguna efectividad, debemos citar la donación que por cédula firmada en Segovia, en 25 de enero de 1466, el rey Enrique IV hizo al segundo marqués de Santillana de la ya importante villa de Santander, con su fortaleza y sus tierras.

La villa no admitió dicha cesión, por lo que don Diego envió unas huestes, mandadas por el señor de Escalante y el merino de Santillana Juan de Gauna, a fin de que tomaran posesión de la misma, a la que tuvieron que atacar, llegando a apoderarse del castillo y de la colegiata. Mas habiéndose recogido los habitantes en la Puebla Nueva y ayudados por las gentes enviadas por las villas de la costa y hasta por algunas de Guipúzcoa, las fuerzas señoriales fueron obligadas a retirarse. El monarca, en lugar de disgustarse por el incumplimiento de su real cédula, revocó o anuló la concesión por otra carta, firmada en Madrid el 8 de mayo del año siguiente, y concedió a Santander los dictados de *villa muy noble y leal*[3].

3   El **castillo de Santander** o **castillo del Rey**, más tarde conocido como **castillo de San Felipe** fue una fortaleza ubicada en la ciudad de Santander. A finales del siglo XIX fue derribado, aunque se conservan parte del lienzo oeste y la torre de la equina suroeste. En su solar existió posteriormente el Salón Pradera, y actualmente lo ocupan el antiguo edificio del Banco de España y las dependencias diocesanas anexas a la catedral de la Asunción (N. del E.).

LINAJE DE ARTEAGA

CASTILLO DE ARTEAGA
(Gaustéguiz de Arteaga. Vizcaya)

Según repetidas referencias, la casa de Gaustéguiz proviene del año 798, y la de Arteaga de 914. Después, la de Arteaga se impuso a la anterior y fue ya la base principal. En sus *Bienandanzas e Fortunae*, don Lope García de Salazar cita los hechos y circunstancias, por las que pasaron ésta y las otras casas fuertes y torres del mismo linaje de Arteaga.

Pirala nos refiere algunas de ellas. Así, en el siglo XIV, la casa fuerte de Artega-Gaustéguiz fue reedificada por Fortún García, muerto alevosamente en 1368, de orden de Don Pedro I, el Cruel.

Castillo de los Arteaga, en Gaustegiz Arteaga (Vizcaya)

Después, en 1468, dicha casa fuerte fue asaltada y destruida por los Múgica y Avendaño, pero el sucesor de Fortún, que parece llevaba el mismo nombre, volvió a levantarla en 1476, si bien en forma de fortaleza completa, es decir con la torre central rodeada por un recinto de planta rectangular, con sendos torreones angulares. Desde entonces, dicho castillo fue el exponente mayor del linaje. De ella dependían las torres y casas fuertes de Montalván, Gabresi o Zamudio, Múgica-Arrazúa, Beléndiz, Canala, Jáuregui, San Martín y otras pertenecientes a la familia.

En 1856, con motivo del nacimiento del príncipe Napoleón, hijo de la emperatriz Eugenia de Guzmán, señora de Gaustéguiz, la Junta del Señorío de Vizcaya, reunida en Guernica, le declaró *Vizcaíno Originario*, y para corresponder a tan fina atención, la emperatriz ordenó en el mismo año, al arquitecto francés Couvrechef, la restauración de la fortaleza de Arteaga, junto a Mundaca. Dicho arquitecto compuso los primeros trazados, pero habiendo fallecido, la obra fue continuada por otro arquitecto de igual origen, Ancelet, que en 1860 acabó la construcción.

TORRE DE CANALA
(Anteiglesia de Arrazúa. Vizcaya)

Dependió igualmente de los señores del castillo de Arteaga y ahora está convertida en caserío. Es de planta cuadrada y conserva algunas saeteras y restos de un patín exterior o escalera de acceso a la parte alta, donde se abría, como era corriente, la puerta de entrada principal. Otros edificios añadidos disfrazan su primitiva estructura. Por su emplazamiento, dominaba a toda la ría, desde Mundaca a Guernica, y poseía bombardas.

TORRE DE MONTALVAN

Perteneció asimismo a la Emperatriz Eugenia y posee un gran valor constructivo, por su planta pentagonal y sus dimensiones, propia de una torre mayor; los canecillos en que actualmente descansa su tejado y sus puertas y ventanas góticas, con los vestigios de una buharda o matacán y la escalera de acceso a las plantas superiores, embutida dentro de los muros, que tienen dos metros de espesor. Saeteras y otros huecos se abren en sus fachadas, en general, bien conservadas. Se le atribuye un origen que pretende remontarse al año 783, aunque se quiere que luego fuera reedificada en el siglo XV, por haber sido asaltada y saqueada. Pero la singularidad de su planta le concede un valor realmente excepcional, pues que aunque en las alturas pirenaicas y cantábricas hay algunas pocas torres pentagonales, como las de Seo de Urgel, Ainsa, San Vicente de la Barquera y las que hubo en el recinto medieval de Tuy y que se conocen algunas otras de igual trazado, hechas hasta en el siglo XV, como las de Coria y Alconétar, la procedencia de esas torres es, posiblemente, almohade.

Torre de Montalvan, en Mundaca (Vizcaya)

TORRE DE ARTEAGA-GABRESI O DE ZAMUDIO
(Anteiglesia de Zamudio. Vizcaya)

Con la de Mariartu en Erandio, la torre de Zamudio es una de las más bellas torres fuertes de Vizcaya.

Perteneció a los marqueses de Malpica y duques de Avion. Su origen, que se pretende remontar al año 930, corresponde al cadalso y palacio de Martín de Arteaga, quemados en 1443 por Gómez González de Butrón. La torre actual, que es del siglo XVI se conserva en buen estado.

Aspecto actual de la torre de Arteaga-Gabresi en Zamudio (Vizcaya)

Casa Torre de Mujica, en la Anteiglesia de Ugarte (Vizcaya)

TORRES VIEJA Y NUEVA DE MUJICA
(Anteiglesia de Ugarte de Múgica. Vizcaya)

Se conservan ambas muy alteradas, formando un solo conjunto, en el que los restos de la torre vieja sirven de apoyo y de patio de armas a la torre posterior.

La torre primitiva se dice fue edificada el año 962, por los señores de Arteaga. Es de construcción muy recia y algo basta y sus muros alcanzan 2,60 metros de espesor. Fue rebajada y, según demuestra su planta, de hecho casi destruida en 1541; pero algo más tarde se aprovecharon sus ya rebajados muros y su entrada gótica para preceder, a modo de barrera exterior, a otra torre de trazado estrecho, aunque rectangular, erigida al costado occidental de la anterior y llamada Torre Nueva. Esta se halla hoy casi completa, si bien desfigurada por el tejado. El linaje Mújica se dispersó; una de sus ramas fue a enlazar con el del infante Don Juan Manuel. Con el tiempo, la bella torre cayó en poder del anterior duque de Medinaceli, señor también de la casa de Butrón, quien en 1943 la vendió..

TORRE DE BELENDIZ
(Anteiglesia de Arrazúa, Vizcaya)

Está situada junto a la ermita de San Pelayo de Beléndiz y, como de costumbre, desfigurada por añadidos y otros edificios a ella contiguos. Conserva, sin embargo, algunos de sus primitivos elementos, cuales son saeteras, restos de una buharda o matacán, ventanas góticas (una de ellas ageminada) y su puerta, de la misma traza u orden. El patronato de la iglesia parroquial de Santo Tomás de Arrazúa pertenecía, en parte, en el siglo XVIII al ya citado conde de Baños, como señor de la torre de Arteaga-Gaustéguiz, de la que ésta de Beléndiz dependía.

Casa Torre de Beléndiz, en la Anteiglesia de Arrazúa (Vizcaya)

LINAJE DE LAZCANO

CASA FUERTE O PALACIO DE LAZCANO (Guipúzcoa)

El actual palacio sustituye a la antigua casa fuerte de uno de los linajes más principales de Guipúzcoa. Sus señores fueron, en tiempos, uno de los *Parientes Mayores* de la provincia, que eran cabezas de familias nobles. Y, por lo general, cabezas igualmente de los bandos.

El linaje de Lazcano viene de muy antiguo y tuvo varias ramas. Lope García de Lazcano, caudillo de las huestes de Guipúzcoa en las luchas y banderías ya sucedidas en tiempo del rey Alfonso X, el Sabio, con motivo de la muerte de su primogénito, el infante Don Fernando de la Cerda, y la rebelión de su hermano, el futuro Sancho IV.

Más tarde, otro Lope García de Lazcano acaudilló igualmente a las milicias guipuzcoanas que invadieron a Navarra y se apoderaron del castillo de Unzá.

Desde el siglo XIV y durante el XV, la casa de Lazcano, como gente principal y destacada, perteneció al bando de Oñez, en tierras de Oñate, en el que asimismo figuraban varios otros linajes importantes, como los Mendoza de Álava, los Múgica de Vizcaya y los Loyola de Azpeitia, enfrentándose de modo continuo y sangriento con los seguidores de la casa alavesa de Gamboa, cabeza del bando opuesto.

Tan lamentables excesos dieron lugar a que el rey Enrique IV, en una de sus escasas y meritorias iniciativas, se decidiera a acabar con las banderías, para lo cual, en febrero de 1457, marchó personalmente a Vizcaya y Guipúzcoa, donde luego de visitar San Sebastián, Guetaria y varias otras poblaciones, dispuso el castigo de las crueles luchas banderizas, mandando derribar o desmochar las guaridas o casa fuertes de quienes las cometían.

Palacio de los Lazcano,
en el centro histórico de Lazkao.
construido en 1640 por orden de María de Lazcano,
esposa del almirante Antonio de Oquendo.
Su fachada tiene dos torres flanqueando el cuerpo central,
simulando la arquitectura medieval original.

Entre las torres o casas fuertes desmanteladas figuraron las de Lazcano, de Olaso en Elgóibar, de Loyola en Azpeitia, desmochada en su mitad, y muchas otras, si bien, por otra parte, se afirma que el duro castigo impuesto al que habría de ser el solar natal de San Ignacio proviene de una anterior represión del tiempo de Don Enrique III *el Doliente*.

El actual palacio de Lazcano, donde tantos recuerdos históricos se guardan, con las banderas y otras venerables reliquias del gran almirante don Antonio de Oquendo, sustituyó y es la representación de la antigua fortaleza.

PALACIO DE VILLAFRANCA DE ORIO
(Guipúzcoa)

Otro bello y noble edificio que Madoz atribuye al marqués de Valmediano, en quien se encarnaba el linaje de Lazcano, por lo que últimamente recayó en los marqueses de Argüeso.

En los siglos XII y XIII principalmente, en España como en Francia, los reyes y algunos destacados magnates fundaron cantidad de villas y lugares, destinados a la repoblación de comarcas o regiones desamparadas por la guerra u otros motivos, buscando su colonización y cultivo, para el aprovechamiento de las tierras, la agrupación de las gentes y otros efectos de carácter económico y social. Algo parecido a los fines originales de los fundadores de la Orden del Císter y a las prescripciones dictadas por San Bernardo, en cuanto al laboreo de las tierras abandonadas y desiertas.

De modo general, y salvo que el lugar llevara o poseyera ya un nombre determinado o algunas peculiaridades, a esas nuevas fundaciones se les imponía las denominaciones de Villarreal, Villanueva, Villafranca y algunos más cuando no ostentaban el calificativo con que habitualmente se les designaba, de bastidas, porque el trazado de las nuevas villas se ajustaba a las normas seguidas para el alojamiento de las grandes huestes en los asedios, que, en lo posible, adquirían una forma regular, inspirada en los campos romanos.

Como su nombre indica, Villafranca de Oria fue una de estas poblaciones de nuevo trazado, defendidas por un cerco amurallado; la vigilancia de cuyas puertas solía ser encomendada a las familias más importantes o hidalgas, cuando no a los gremios y hermandades. Villafranca de Oria estuvo rodeada de murallas y poseía cuatro puertas, en una de las cuales, la que salía hacia el Norte o Francia, se alzaba y se sigue alzando el grande y hermoso palacio representativo de la antigua casa fuerte de los Lazcano.

TORRE DE LAZCANO
(Valle de Salcedo. Güeñe. Vizcaya)

Esta torre se conserva medio oculta por edificios posteriores. Conserva la puerta, de arco rebajado, con grandes dovelas, en cuya clave figura un blasón, bien esculpido, al parecer del linaje Salazar.

Alrededor de este edificio quedan restos de un recinto amurallado, con una tronera, y enfrente existen unas ruinas, de aire y estructura castrense, que, por su más alto emplazamiento, dominan a la torre anterior. Todo hace creer que dichos restos son los de otra torre llamada de la Patilla, que a mediados del siglo XIX existía aún casi completa. Pero la construcción a la que en principio nos referimos lleva el nombre del linaje de Lazcano, al que seguramente perteneció antes de pasar a los Salazar.

CASA SOLAR DE LAZCANO
(Cores. Álava)

Por esta casa, en 1773, Carlos III otorgó al marqués de Vozmediano don Ignacio de Arteaga Lazcano e Idiáquez el título de señor de la casa de Lazcano.

Puerta de Santa María, que da entrada a la Villa de Hita, en Guadalajara.

II - LOS SEÑORÍOS Y CASTILLOS DE HITA, BUITRAGO Y EL REAL DE MANZANARES

El positivo señorío de los Mendoza se inicia en el siglo XI y se desarrolla en el XV. Dicho poderío tiene su base y punto de partida en los dominios de Hita y Buitrago, a los que luego se añadirá, por partes, el del Real de Manzanares. Esas posesiones no advienen a los Mendoza por líneas directas, sino por virtud de casamientos con la estirpe igualmente vasca de Orozco, señores del valle de su nombre en Vizcaya, pero establecidos desde tiempo en Castilla, y concretamente en las tierras alcarreñas.

Los primeros momentos de los Orozco en la Corte castellana son nebulosos, aunque creemos que el doctor Layna Serrano, con su minuciosa documentación, los ha aclarado perfectamente[4].

Layna remonta el dominio de Hita a Diego Fernández de Orozco, a quien sitúa en la Corte de Sancho IV, el Bravo. Pero este señor aparece, lo que es raro, tener dos hijos llamados por igual Íñigo López de Orozco, que luego casarán con dos hermanas, doña Marina y doña María de Meneses. Ambos Íñigos gozaron de la confianza del rey Alfonso XI y de su hijo y sucesor Pedro I, *el Cruel*. Uno de los Íñigos López de Orozco logrará vivir, al parecer tranquilamente, hasta 1377. Su hermano, el otro Íñigo, que acaso, como mayor, heredó los señoríos de Hita y Buitrago, que había confirmado Don Alfonso X, por su comportamiento en la batalla del Salado, y que siguió siendo muy favorecido por el citado Don Pedro I con expresas mercedes de él recibidas (como la villa y fortaleza de Torija), acabó por abandonarle, pasándose al bando del conde Trastámara, con el cual asistió, en 1367, a la batalla de Nájera. En esta batalla, al caer prisionero, fue muerto por la misma mano del rey.

---

4   Layna Serrano, Francisco: *"Historia de Guadalajara y sus Mendozas en los siglos XV y XVI"*. Guadalajara, AACHE Ediciones, 1993-1996, en 4 tomos. Para el tema de los Orozco, ver especialmente el Tomo I.

Layna confirma que la heredera de don Iñigo fue su hermana doña Juana, señora, por lo mismo, de Hita y Buitrago, aunque Quadrado la presenta como hija también de don Diego, último poseedor de dichos dominios. Lo esencial es que dicha señora casó con don Gonzalo Yáñez de Mendoza, montero mayor del rey y verdadero progenitor e impulsor de su estirpe, como padre de don Pedro González de Mendoza, ayo y mayordomo del rey Don Juan I, cuya vida salvó, a costa de la suya, en el desastre de Aljubarrota (1385).

La grandeza de los Mendoza principia allí. Don Pedro había asistido también en las huestes del pretendiente a la batalla de Nájera, donde cayó asimismo preso, aunque logró salvarse o destacarse después. Pero reclamó ante Don Enrique II el patrimonio de su madre, doña Juana Fernández de Orozco, y dicho monarca, aun antes de serlo, le confirmó desde Burgos, en 1386, los señoríos heredados. Con estos señoríos, de acuerdo con su esposa, doña Aldonza de Ayala, hermana del gran canciller, fundó en 1378 un mayorazgo, confirmado en 1380 por Don Juan I, que habría de recaer en su hijo don Diego Hurtado de Mendoza, futuro almirante de Castilla y padre del primer marqués de Santillana.

En cuanto al señorío del **Real de Manzanares**, proviene igualmente del citado don Pedro González de Mendoza, aunque realmente él no logró alcanzarlo por su muerte, y que primeramente gozó su hijo el mencionado don Diego. En realidad, este dominio provino indirectamente del mismo Iñigo López de Orozco, a quien el antedicho rey Don Pedro I, «el Cruel», lo había dado luego de secuestrar los bienes del prócer don Alonso Fernández Coronel, degollado en Aguilar de la Frontera. Don Alonso era también señor de Torija, y aunque, al principio, este señorío había sido confirmado a don Pedro González de Mendoza por el rey Enrique II, cuando su hijo y sucesor Don Juan I quiso dar cumplimiento al testamento de su padre, que ordenaba la devolución de Torija a doña María Coronel, compensó en 1389 la cesión de esa villa y fortaleza al sucesor de su abnegado mayordomo, que por él se había sacrificado,

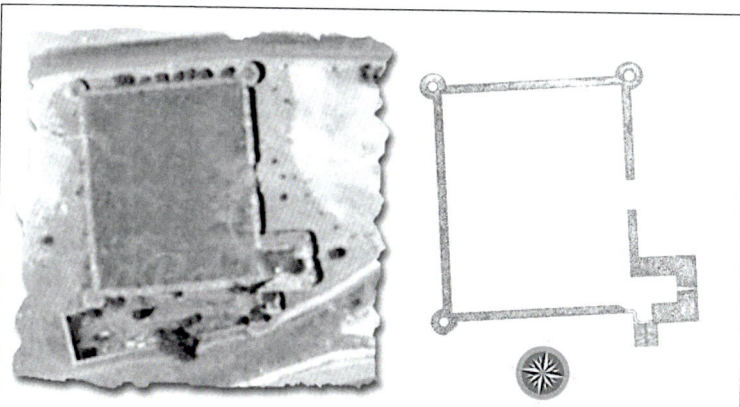

Castillos mendocinos del Real de Manzanares. El viejo y el nuevo.

Manzanares   Castillo Viejo de los Mendoza

Imagen aérea actual de los restos del viejo castillo de los Mendoza, que en Manzanares conocen como "la plaza de armas", y que tiene al sur adherido el cementerio municipal. En este castillo residió el marqués de Santillana, largas temporadas, y también lo hizo su hijo, el Cardenal don Pedro González de Mendoza, cuyo segundo hijo, Diego, nació entre sus muros.

Buitrago

esquema de la ciudad amurallada

rodeada completamente por el río Lozoya,
que traza un meandro en su torno, se alza la
villa amurallada de Buitrago, señorío de los Mendoza
durante largos siglos. Se destaca especialmente
el circuito amurallado y el castillo en su ángulo SE

N

por lo que se otorgó a don Diego Hurtado de Mendoza la *mitad* del Real de Manzanares.

Refiriéndonos ya a las fortalezas exponentes de los citados dominios, diremos que son harto conocidas y divulgadas, si bien cada una de ellas ofrece interrogantes en cuanto a su origen, antecedentes y desarrollo. Del castillo de **Hita** no quedan ya sino leves restos y cimientos, que señalan su traza en la mota natural o, como dice Layna el cerro-testigo en que radicó su bien escogido emplazamiento. **Hita** y **Buitrago** poseen precedentes muy antiguos, pues se trata de fortalezas de origen musulmán, ya citadas por el arzobispo Jiménez de Rada entre las rescatadas en el siglo XI por el rey Alfonso VI, años antes de la reconquista de Toledo, en 1085.

Para juzgar de la importancia y de la antigüedad de ambas posiciones, que pudiera remontarse muchos años, basta ver la triangulación estratégica que corre desde el Puerto de Somosierra hasta Atienza, Sigüenza y Medinaceli, con sus numerosos apoyos y refuerzos. Cuando, a la decadencia del califato cordobés, Medinaceli y esas otras plazas se constituyen en la frontera del dominio musulmán, que desde comienzos del siglo XI, esto es, desde la muerte de Almanzor, en el año 1002, no hizo más que retroceder, Hita y Buitrago fueron fortalezas mayores y principales del sistema, que por su fuerza los Mendoza las supieron conservar, sin hacerles perder su inicial estructura y condición, por encima de toda consideración residencial. La mota de Hita y los vestigios que se advierten nos señalan su consistencia y, por ello, ese recio castillo fue el preferente refugio del marqués de Santillana y los suyos en los momentos arriesgados de su época y también de su inquieta y atormentada vida política y militar. En cuanto al de Buitrago, pese al abandono de que ha sido objeto, nos muestra aún claramente sus principios y disposiciones. Ayudado por las murallas y la puerta principal de la villa, de las que no puede separarse. Los reparos y alteraciones que se atribuyen a ese valioso monumento fueron tan sólo accidentales y los elementos que el castillo todavía conserva nos enseñan también cómo esas rudas construcciones castrenses

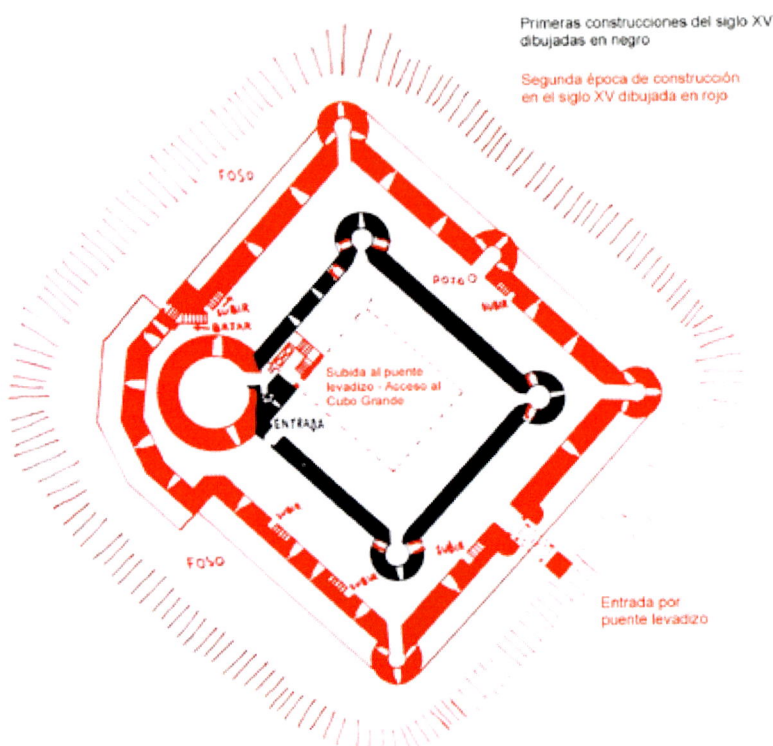

Primeras construcciones del siglo XV
dibujadas en negro

Segunda época de construcción
en el siglo XV dibujada en rojo

Plano de Castillo de Pioz, en Guadalajara, por Edward Cooper.

admitían su provisional transformación en señoriales residencias, sin perder su fuerza.

Algo de eso sucede también en el **Real de Manzanares**, donde los Mendozas poseyeron dos castillos, acerca de los cuales, y por desconocimiento del primero, Lampérez y muchos otros se confundieron, atribuyendo al marqués de Santillana el bello castillo nuevo, comenzado por el primer duque del Infantado a fines del reinado de Enrique IV, continuado, con el solo carácter palaciano, en los comienzos del siglo XVI por el segundo duque, que confió a Juan Guas su ornamento y transformación, y quedando al final totalmente inacabado, según puede claramente comprobarse, pese a la limitada restauración de que ha sido objeto, por numerosos detalles y con sólo ver el interior, hasta ahora no alterado, de la antigua capilla mudéjar sobre la que el castillo iba a fundarse. El nuevo castillo, aunque no terminado, es una joya de nuestra arquitectura militar, pero todos los hechos históricos que le son falsamente atribuidos pertenecen a la pequeña fortaleza –plaza de armas–, cuyos lienzos, cubos y torre de homenaje, aunque arrasados, subsisten en toda su extensión. Esta pequeña fortaleza, desprovista sin duda de sus defensas externas, parece ser la erigida por el Concejo segoviano hacia 1247, con motivo del largo pleito sostenido con el Concejo y caballeros de Madrid, que las concesiones a los Orozco y luego a los Mendoza hubieron de liquidar.

Castillo de Jadraque, en Guadalajara.
Este castillo, que fue una primitiva atalaya defensiva puesta en la Marca Media por los andalusíes para vigilar el valle del Henares, pasó luego a poder de los Orozco, y posteriormente a los Mendoza.
Don Pedro González de Mendoza, Cardenal de España, se la entregó a su hijo Rodrigo, a quien dieron título de Conde del Cid

El castillo de Pioz, que fue mandado construir por el Cardenal Mendoza, a finales del siglo XV, fue cedido por este al familiar y cortesano Gómez de Ciudad Real. La fortaleza, en medio de los campos abiertos de la Alcarria, fue posiblemente diseñada y dirigida en sus inicios por Lorenzo Vázquez de Segovia, siguiendo los modelos de las casas fuertes italianas.

III - CASTILLOS EN LAS TIERRAS DE GUADALAJARA

El sistema estratégico de los Mendoza, en los azarosos y revueltos tiempos del siglo XV, existe en la actual provincia de Guadalajara.

El señorío del propio **Alcázar de Guadalajara** fue otorgado en 1444 por Don Juan II a don Íñigo López de Mendoza, a quien al año siguiente haría marqués de Santillana y conde del Real de Manzanares. Dicha concesión, hecha como remuneración de la villa y fortalezas de Ágreda (Soria), reclamadas por el príncipe heredero Don Enrique, no habría de durar más que hasta 1459, en que apenas muerto el marqués, la ciudad fue arrebatada a su hijo y sucesor a instigación del siniestro marqués de Villena, que la ambicionaba. No obstante, es justo decir que el rey *Impotente* trató de restituirla a don Diego Hurtado, futuro primer duque del Infantado, mas el citado don Diego no aceptó la merced, aduciendo que los habitantes de Guadalajara eran mejores para amigos que para vasallos.

La lista o relación de las fortalezas de la casa ducal en la provincia es larga y muy variada, pues el número de las desaparecidas es grande, a comenzar por las que formaron parte del propio Estado o Villas del Infantado, dominio creado, según Quadrado, por San Fernando para su hijo el infante Don Manuel, que situado entre los límites de las tierras de Guadalajara y Cuenca comprendía naturalmente varias fortalezas, como las de **Alcocer, Castilforte, Escamilla, Salmerón**, etc. de las que la tercera malamente se conserva, en tanto que la principal debiera ser quizá la derruida de Salmerón, donde, según transcripción propia, Don Juan Manuel acabó el lunes 12 de junio de 1335 el libro de "Patronio" o del "Conde Lucanor".

En las *Relaciones Topográficas de Felipe II*, unidas a las que los Concejos de Guadalajara efectuaron, se indican cantidad de fortalezas, torres y murallas de las que no queda rastro, mientras otras subsisten, más o menos en ruina, que pertenecieron a los duques del Infantado. Las de **Alcorlo, Algar, Argecilla, Escopete, Inesque, Loranca** [de Tajuña], **Mochales, Santamera, Tamajón, Trijueque** y **Viana** [de Mondéjar] no han dejado apenas otros recuerdos que los de sus antecedentes documentales. Otras, como **Beleña** [de Sorbe], **Cogolludo, Hita, Mondéjar, Tendilla** y **Valfermoso** [de Tajuña] enseñan aún escasos restos o están en plena ruina. Finalmente, y aparte los palacios y fortificaciones de **Espinosa** [de Henares] y **Pastrana**, permanecen aún en pie, si bien su mayoría abandonados, los castillos de **Anguix, Castilnuevo** [de Molina], **Galve de Sorbe, Jadraque, Palazuelos, Pioz, Torija, Torresaviñán** y **Zorita de los Canes**, cuyo estudio documental y genealógico puede verse en la mencionada obra de Layna[5].

---

5   Layna Serrano, Francisco: *Castillos de Guadalajara.* Aache Ediciones. Guadalajara, 1994.

El **castillo de Torija** remonta su origen a la plena Edad Media, cuando se elevó como primitiva atalaya vigilante del valle. Después se construyó con aspecto de gran fortaleza por parte de la familia Mendoza, sus propietarios a partir del siglo. En sus inicios sirvió de atalaya defensiva en las guerras durante la Edad Media, y en un momento del siglo XV lo conquistaron los navarros. Pero fue reconquistada por Iñigo López de Mendoza y el arzobispo Carrillo, y y integrada en los dominios mendocinos, de los Condes de Coruña y Vizconde de Torija. Por desgracia, El Empecinado lo mandó volar durante la Guerra de Independencia para evitar que los franceses lo ocuparan. Durante la Guerra Civil también sufrió numerosos destrozos hasta que en 1969 fue restaurado por la Dirección General de Bellas Artes y posteriormente la Diputación Provincial de Guadalajara, a quien ahora pertenece, ha montado en su interior el Centro de Interpretación Turística de la Provincia de Guadalajara. Su estructura y aspecto se mantienen ahora en perfectas condiciones.

IV - OTROS CASTILLOS DE MENDOZA

PROVINCIA DE SORIA

El palacio de **Almazán** está fundado sobre las murallas, a las que asoma con una amplia galería. Este no representa a la desaparecida fortaleza de la villa, situada sobre un cerro contiguo, pero todo parece enseñar que fue también mansión fortificada, reformada cuando, en 1575, el rey Felipe II concedía el marquesado a don Francisco Hurtado de Mendoza, que era ya el octavo señor de Almazán y el cuarto conde de Monteagudo. Con el palacio, subsisten buena parte de los muros del cerco y las puertas del Mercado, de Herreros y del Reloj, de las cuales las dos primeras son notables ejemplares de los siglos XIV y XV.

El castillo de **Monteagudo de las Vicarías**, plaza también eminentemente fronteriza, dotada aún con restos de su recinto, y la puerta llamada de Aragón o de las Eras, es una hermosa construcción gótica, de buena y cuidada sillería, con unas torres poligonales, entre las que descuella la mayor o del homenaje, admirable por su

Puerta del Mercado, en la muralla de Almazán, hoy restaurada.

El gran castillo de Monteagudo de las Vicarías, en tierra de Soria, pero frontera de Aragón, fue donado en 1476 por los Reyes Católicos a Pedro González de Mendoza.

El castillo de la Raya está en término de Monteagudo, y es frontera de Aragón con Castilla.

esbeltez y proporciones. Por fuera se halla casi intacto, pero su interior, aún no hace muchos años ocupado por las escuelas y otros servicios, está hoy profundamente lastimado, con las ruinas de su patio plateresco, que parecía no haber sido terminado, en plena degradación.

Apoyo avanzado de la plaza, y sobre el mismo confín de Aragón, se levantan las ruinas del pequeño **Castillo de la Raya**, con su ermita y pila bautismal que pertenecían a ambos reinos, en las que son de notar el aljibe horadado en la peña y las disposiciones de la torre del homenaje para instalar en lo alto de sus adarves unos cadalsos defensivos, armados sobre vigas y no sobre consolas o canes de piedra.

Monteagudo fue elevado a la categoría de condado por los Reyes Católicos, que en 1476 lo concedieron a don Pedro González de Mendoza, perteneciente a una de las ramas colaterales. Es de notar que en el siglo XIV, después de la tragedia de Montiel, la tierra de las Vicarías fue donada, como tantas otras mercedes, a Du Guesclin, que no pudo tomar posesión, pero desde entonces se le denominó también como la tierra de la Recompensa.

En cuanto al llamado **alcázar y recinto de Rello**, con las ruinas del primero, destruido por un rayo, y los cubos y murallas que aún ciñen casi enteramente al pueblo, en las que sobresalen sus notables puertas acodadas y decoradas con ostentosos blasones y cintas de matacanes, recuerda a aquel otro don Iñigo López de Mendoza, hermano del almirante don Diego, que a la muerte de éste, en 1404, vino desde Rello, cuyo señorío poseía, para apoderarse por la fuerza de las Casas Mayores de Guadalajara, que legítimamente pertenecían a sus sobrinos y, sobre todo, al mayor, que habría de ser después el marqués de Santillana, como al final tuvo que reconocer, volviéndose a Rello. También aquí cabe designar otra notable particularidad, como es la existencia de un rollo que es único en su clase, pues está compuesto por dos antiguas bombardas puestas verticalmente a modo de fuste.

Puerta de entrada a la villa fortificada de Rello, en Soria.

A estas fortificaciones sorianas de los Mendoza podríamos aña-dir la villa de **Ágreda** con sus recias murallas, que conservan dos importantísimos puestos árabes.

El marqués de Santillana no debía estimar mucho aquellos rin-cones del Moncayo donde, en 1429, estuvo de frontero contra Aragón, al frente de las citadas fortalezas de Ágreda y del impo-nente castillo de Vozmediano, entre otros, pero en cuyos históricos Campos de Araviana sufrió un lamentable desastre que, por su des-cuido, le infligieron los aragoneses y navarros. Pero no olvidemos que fue precisamente en Ágreda donde compuso algunas de sus más bellas serranillas.

PROVINCIA DE CUENCA

El castillo de **Cañete** es una construcción de planta larga y estrecha, sustentada por una prolongada crestería de peñas escarpadas y gobernada por una torre pentagonal, donde aún se enseña la estancia en que, según la tradición, nació don Alvaro de Luna, hijo del hermano del señor del lugar, que le dio sus propios nombre y apellido, y de la mujer del alcaide del castillo, doña María de Urasandi.

Sus muros enlazan con los que descienden del cerro y rodean la villa, con planta de «cremallera», que economiza torres y refuerzos, proporcionando el suficiente flanqueo. Conserva restos importantes que atestiguan su origen musulmán. Es de lamentar que un monumento de tal clase permanezca tan olvidado como inédito[6]. En 1839, los carlistas contribuyeron a lastimarlo con la ocupación por Cabrera de Cañete, Beteta y otras antiguas fortalezas de la región.

Puerta de entrada a la villa fortificada de Cañete, en Cuenca..

---

6   Fue declarado B.I.C, en 1996 y posteriormente restaurado, de tal modo que hoy es visitable.

Después de pasar por muchas manos, el castillo de Cañete fue a parar a don Juan Martínez de Luna, señor de Illueca, partidario del conde de Trastámara, quien advenido al trono, le recompensó en Castilla con los castillos de Jubera, Cornago, Alfara y éste de Cañete. Su hijo, de los mismos nombres, que se había hecho cargo de su sobrino bastardo y le colocó en la Corte, vendió esta fortaleza en 1440 por 12.000 florines de oro a don Diego Hurtado de Mendoza, montero mayor del rey y alcaide de Cuenca, a cuyo nieto don Juan los Reyes Católicos concedieron, en 1490, el marquesado del lugar.

No lejos de Cañete se hallan las ruinas del castillo de **Cañada del Hoyo**, perteneciente al citado don Diego, a quien fue dado para que dejara libre a Cuenca, de la que pretendió apoderarse, lo que no consiguió por la energía del obispo don Lope de Barrientos. Este castillo debió mantenerse bastante bien hasta que en agosto de 1839 fue ocupado por el Ejército, que lo reparó y fortaleció, designando, según algún plano que existe, a cada una de las torres y otras partes, con nombres muy liberales, propios de la política del tiempo. Madoz llamó a esta fortaleza "el castillo del Buen Suceso".

Hoy restaurado luce el castillo de Cañada del Hoyo, en Cuenca.

El castillo de Almenara fue construido como hoy se ve
por el gran Cardenal de España, Pedro González de Mendoza,
quien lo incluyó en su mayoazgo y lo dejó a su hijo
el conde de Mélito, don Diego de Mendoza.

El gran castillo de **Almenara**, sobre el cual en 1489 el gran cardenal Mendoza fundó un mayorazgo a favor de su hijo don Diego, conde de Mélito, y que luego, en 1587, fue erigido en marquesado por Felipe II para don Diego de Mendoza y Manrique de Luna. Permanece aislado en despoblado, aunque dependiente de La Puebla de su nombre, creada en 1332 por el infante Don Juan Manuel, según pergamino que se conserva.

Forma un conjunto grandioso de ruinas, con tres recintos, uno de los cuales tuvo seis cubos y cien almenas, más 17 en rebellin. Un patio central enlosado de cien pies en redondo. bajo el cual se alumbraba un aljibe con ocho lumbreras de hierro y agua buena y abundante, daba paso a 34 aposentos altos y bajos, con siete chimeneas y una atahona. En los sótanos estaban las caballerizas, capaces para cien caballos, alzándose junto a la ronda la torre del homenaje, con cuatro aposentos o cámaras y una campana de la Vela.

Doña Ana Mendoza y de la Cerda, princesa de Éboli, señora del castillo, lo había heredado de su padre, don Diego Hurtado, conde de Mélito y virrey de Perú, y no hay más que ver los pequeños blasones del Ave María, por cierto muy destacados, aunque toscamente labrados, alzados en los amplios torreones del recinto exterior.

Del castillo y recinto de **Priego** quedan, como decíamos, pocos restos. En principio, dicha villa perteneció en señorío a don Pedro Carrillo de Huete, halconero mayor del rey Don Juan II y su veraz y sencillo cronista, cuya hija doña Teresa casó con otro don Diego Hurtado de Mendoza. alcaide de Molina de Aragón y señor de Castilnuevo, nombrado en 1465 conde de Priego por Enrique IV.

PROVINCIA DE VALLADOLID

El castillo de **Tordehumos** fue acaso el primer señorío poseído por el marqués de Santillana, a quien su padre, el almirante don Diego, lo cedió siendo muy niño y segundón de la casa, por vivir el primogénito, don García, muerto en 1403, según Amador de los Ríos, cuando tenía siete u ocho años. La temprana defunción de su hermano aseguró a don Íñigo un inesperado y extraordinario porvenir, por lo que aquél debió guardar a la vasta fortaleza una cierta estimación, pues que en la misma le nació en 1417 su hijo don Diego, futuro primer duque del Infantado. No obstante, en 1425, el marqués cedía Tordehumos a su otro hermano, don Gonzalo Ruiz de la Vega, con motivo de sus desposorios con doña Mencía de Toledo.

Ruinas del Castillo de Tordehumos, en la provincia de Valladolid.

Del castillo no subsisten más que ruinas. El padre Mariana lo consideraba como plaza muy fuerte, así por su sitio, como por sus murallas y reparos. En los siglos XIV y XV jugó muy señalado papel, pues fue sitiado por el rey Fernando IV; dado a su amante doña Leonor de Guzmán por Alfonso XI; asaltado igualmente por Enrique II, para pasar por fin a la casa de Mendoza, tal vez por el primer casamiento del almirante don Diego con una hermana bastarda del rey Don Juan I. A raíz de las Comunidades, en 1522, que parece fue su último episodio, el castillo fue ya desmantelado.

PROVINCIA DE BURGOS

Otros castillos pertenecientes al marqués de Santillana en el siglo XV fueron los de **Gumiel de Izán** y **Coruña del Conde**, al sur de Burgos, cerca de la línea del Duero.

El primero le fue donado en 1450, después de la segunda recuperación de Torija, en la última guerra con Aragón, pero ahora apenas si quedan unos leves muros y cimientos que señalan su emplazamiento en el cerro llamado del Castillo. Fernando del Pulgar nos cuenta que, en 1476, luego de la rendición de Toro, el rey Don Fernando *el Católico* atacó y tomó a esta fortaleza en tierras de

Lo que queda del castillo de Coruña del Conde, en Burgos.

Aranda, ordenando cercar también a las de Cubillas y Sieteiglesias, asentando sus reales sobre la de Castronuño, para ver de apresar a su célebre alcaide, que por fin escapó.

En cuanto a **Coruña del Conde**, no se conocen bien los antecedentes de su posesión por don Iñigo, pero se sabe que en 1449 el marqués de Santillana reunió allí a la nobleza adversaria de don Álvaro de Luna para tratar de apresarle y derribarle. De este castillo quedan unas ruinas bastante interesantes, una torre mayor, cuadrada, a la que se atribuyen orígenes muy remotos, por estar construida con piedras que se dice fueron traídas de las cercanas ruinas de la ciudad romana de Clunia, y lo demás del recinto, no pequeño, está compuesto con torreones algo recios, precedidos en su frente principal por ancho foso excavado en la peña. Pero la celebridad de esta noble construcción es la de haber servido en 1798 para que un pastor del pueblo, llamado Diego Marín, se lanzara desde lo alto de la citada torre del homenaje con un aparato de su invención, consiguiendo elevarse y volar hasta 395 metros, aunque sus propósitos eran los de llegar hasta el Burgo de Osma y Soria, distantes unos 60 kilómetros. Una avería en las alas del aparato, que parece llevaba cola y timón, le hizo caer, y aunque se proponía rehacer la máquina y mejorarla, los familiares y vecinos del pueblo se lo impidieron.

PROVINCIA DE ZAMORA

Los duques del Infantado ostentan el título de marqueses de **Távara**. Pero el castillo, que había pertenecido en tiempos a los Templarios, ha desaparecido.

PROVINCIA DE PALENCIA

En el norte de la misma, lindando con la "Tierra de Campos Góticos", se halla la villa de **Saldaña**, con su castillo, casi en la divisoria de los reinos de Castilla y León.

En el siglo XIV, la villa aparece sometida al señorío del almirante mayor don Diego Hurtado de Mendoza, a cuya casa pertenecerá ya continuamente; porque en 1479 los Reyes Católicos hicieron resurgir el antiguo condado, con el expresivo destino de que fuera siempre ostentado por los primogénitos de los duques del Infantado. Subsiste el castillo, en ruinas.

PROVINCIA DE TOLEDO

Del **Castillo de Bayuela** y del de **La Torre de Esteban Hambrán**, en el antiguo "Reino de Toledo", que pertenecieron a la misma casa, poseemos escasos recuerdos. **Bayuela** fue en el siglo XV del condestable don Álvaro de Luna, y después de su esposa la condesa de Montalbán, que, al retirarse, muerto don Álvaro, a su otro castillo de Arenas de San Pedro, será definitivamente denominada como *de la triste Condesa*. Bayuela y su fortaleza pasaron a poder de doña María de Luna, hija de don Álvaro y casada con el segundo duque del Infantado. Según las *Relaciones Topográficas* de 1578, la villa seguía perteneciendo a don Juan de Mendoza y de Luna, y en la Casa Ayuntamiento figuraban las armas del linaje alcarreño. En tiempos, el pueblo había estado situado más al Norte, junto a unos

Ruinas del Castillo de Bayuela, hoy en la provincia de Toledo.

altos peñascos, donde se alzaba la fortaleza, que en el siglo XVI estaba ya solamente representada por la ermita de Nuestra Señora del Castillo.

Por lo que a **La Torre de Esteban Hambrán** se refiere, que era una verdadera fortaleza, erigida quizá sobre el núcleo inicial de una torre, tampoco conocemos otros antecedentes que los de las *Relaciones Topográficas*, esta vez firmadas en 1576. Se exponía en ellas que en esa fecha era su señor don Diego de Vargas, quien hacía unos ocho años había comprado la villa a don Pedro González de Mendoza, marqués de Val Ceciliana, en Nápoles, que la había heredado de doña Brianda de Mendoza.

Pudiera incluirse entre las posesiones de los Mendoza en la provincia de Toledo a la alcazaba de **Maqueda**, por el cambio o trueque hecho en 1465 por el que sería gran cardenal de España. Cedió éste al secretario Alvar Gómez de Ciudad Real, caído en desgracia, algunos lugares de Guadalajara, como Pioz, El Pozo, Yélamos de Suso y otros, a cuenta de Maqueda. Claro es que esta posesión fue transitoria, pues se sabe que el mismo gran cardenal volvió a cam-

El castillo de Maqueda, en Toledo, que fue porpiedad en el siglo XV del Cardenal don Pedro González de Mendoza.

biar en 1469 por la de Jadraque. Jadraque fue donado posteriormente, cual se sabe, al que será el futuro y turbulento don Rodrigo de Vivar, conde del Cid y después marqués del Cenete, y Maqueda recaerá en poder del leal servidor de la reina Isabel don Gutierre de Cárdenas, cuyo primogénito será honrado en 1530 por el emperador Carlos V con el ducado del mismo nombre.

PROVINCIA DE VALENCIA

Dando un salto en el espacio y en el tiempo. llegamos a la fortaleza morisca de **Ayora**, en el reino de Valencia. Las ruinas de su castillo todavía impresionan por su emplazamiento y volumen, a pesar de estar ya muy rotas y dislocadas.

Emplazado el recio castillo sobre altas y escarpadas peñas, conserva parte de sus lienzos y torres, entre las que se destaca la Mayor, que, aunque se halla ya muy rebajada, asombra por sus grandes proporciones. A su lado se abre una puerta encuadrada por artístico arrabá, que no es más que una copia muy aproximada de la del nuevo castillo del Real de Manzanares.

Son muy escasos los restos que hoy quedan
de lo que fue el gran castillo de Ayora,
espectacular sobre la roca bajo la que
se cobija el pueblo levantino.

Perteneció al marqués del Cenete, al afincarse definitivamente en Valencia, en los primeros años del siglo XVI y donde quiso morir y ser enterrado. Sobre la puerta se alzaban las armas del marqués, que en parte eran las familiares de los Mendoza, armas que se conservan todavía en otro edificio.

En la guerra de la Sucesión de principios del siglo XVIII, el castillo de Ayora, después de haberse utilizado como fuerte posición, quedó muy desmantelado. Después debió servir contra las fuerzas del mariscal Suchet, en la de la Independencia, para acabar sirviendo de fácil y providente cantera al pueblo situado a sus pies.

PROVINCIA DE GRANADA

El castillo de **La Calahorra del Cenete** es una de las construcciones del Renacimiento más estimables de España. Fue alzado entre 1506 y 1513, por orden de don Rodrigo de Vivar y Mendoza, hijo mayor del gran cardenal, en el territorio de las Alpujarras, que en 1491 le dieron los Reyes Católicos para recompensar su asistencia a las campañas que precedieron a la reconquista de Granada, donde también le concedieron un antiguo palacio moro, todavía subsistente, con una hermosa huerta llamada de Darabenaz.

Pese a su gran valor artístico, el castillo de la Calahorra permaneció totalmente ignorado hasta que en 1891 el crítico de arte alemán Karl Justi lo estudió y divulgó su valiosa riqueza. Por ello y al igual de lo sucedido con el suntuoso castillo de Vélez Blanco, los bellos mármoles y esculturas de La Calahorra estuvieron a punto de ser exportados a Norteamérica. Gracias al celo del duque del Infantado, don Joaquín de Arteaga, padre del actual, quien, como marqués del Cenete, se interpuso, se anuló la venta, abonando el medio millón de pesetas en que parece que había sido ajustada.

Un capítulo aparte[7], en este mismo libro, y por pluma más au-

---

7   Lo escribe Cristina de la Cruz Arteaga y Falguera, en 1970, a la sazón hermana del duque del Infantado, y lo titula *La Calahorra, el último baluarte de los Mendoza*.

torizada que la mía, presenta la descripción completa de esta gran castillo-palacio español.

PROVINCIA DE SEVILLA

La casa actual ostenta el condado de la Monclova y el marquesado de Estepa, ambos en Sevilla. El castillo de la **Monclova** era un antiguo señorío de los Portocarrero, elevado a condado por Felipe III. **Estepa** conserva la torre de su castillo del siglo XIV y restos importantes de un recinto más antiguo. El título de marqués de Estepa, juntamente con otros, fue concedido por Carlos V al italiano Adán Centurión Venturino.

Sigue siendo propiedad de la familia ducal del Infantado, el que fue castillo de la Monclova, en Fuentes de Andalucía (Sevilla). Construido originalmente en el siglo XIV, perteneció de inicio a la Casa de la Vega, habiendo sido uno de sus propietarios el poeta toledano Garcilaso de la Vega.

V - CASTILLOS Y SEÑORIOS EN PAIS EXTRANJERO QUE HAN PERTENECIDO A LOS MENDOZA. CASTILLOS EXTRAÑOS A LOS MISMOS APORTADOS RECIENTEMENTE A LA FAMILIA DUCAL

En cuanto a los primeros, no pueden dejar de citarse los nombres de **Éboli, Francavila** y **Mélito**, señoríos famosos en el reino de Nápoles, directamente relacionados con la familia.

Tampoco pueden dejar de citarse los castillos españoles de **Viñuelas**, en Madrid, y **Requesens**, en Gerona, que el penúltimo duque del Infantado adquirió sin más objeto que salvarlos de la ruina. En Viñuelas han recogido los últimos duques una importante colección de obras de arte y objetos históricos.

El castillo de Viñuelas, primitivamente construido en el siglo XIII, pasó durante la Edad Media por diferentes propietarios, entre ellos, el marqués de Santillana (que lo incluía en su "Soto de Viñuelas") y el Emperador Carlos de Austria. Siempre en poder de la Corona, en el siglo XIX lo adquirió el Duque del Infantado, quien lo rehabilitó para poder ser utilizado como residencia habitual de la familia. Aunque hoy está siendo utilizado como espacio de celebraciones y bodas.

Bibliografía

Amador de los Ríos (José): *Vida del marqués de Santillana.* Col. Austral, número 693. 1947.

Amador de los Ríos (Rodrigo): *Santander. España, sus monumentos y artes, etcétera.* Barcelona, 1891.

_____ *Burgos. España, sus monumentos y sus arte*s, etc. Barcelona, 1888.

Amós Escalante: *Costas y Montañas.* Madrid, 1961, 2 vols.

Arteaga (Sor Cristina de, O. S. H.): *Crónicas de los Reyes de Castilla.* Bib. de Aut. Esp. Tomos 66, 68 y 70. Nueva edición. Madrid, 1910-1931, 3 vols.

_____ *La Casa del Infantado, cabeza de los* Mendoza. Madrid, 1940:

Crónica de don Álvaro de Luna. Edición Mata Carriazo. Madrid, 1940.

Crónica del Halconero de Juan II, Pedro Carrillo de Huete y refundición de la Crónica del Halconero, por el obispo don Lope Barrientos. Edición Mata Carriazo. Madrid, 1946, 2 vols.

Crónica de los Reyes Católicos, por su secretario Fernando del Pulgar. Edición Mata Carriazo. Madrid, 1943, 2 vols.

Chueca Goitia, Fernando: *Historia de la Arquitectura Española. Edad Antigua y Edad Media.* Madrid, 1965.

Gamazo (Conde de): *Castillos en Castilla.* Segunda edición. Madrid, 1955.

Gil (Isidro): *Memorias históricas de Burgos y provincia.* Burgos, 1913.

Grandez y Títulos del Reino. Guía Oficial. Madrid, 1957-58.

Ibarra (Javier de) y Garmendia (Pedro de): *Torres de Vizcay*a. Madrid, 1946, 3 vols.

Lampérez y Romea (Vicente): *Arquitectura civil.* Madrid, 1922, 2 vols.

_____ *Los Mendoza del siglo XV y el castillo del Real de Manzanares.* Madrid, 1916.

_____ *El castillo de La Calahorra (Granada).* Madrid, 1914.

Layna Serrano, Francisco: *Castillos de Guadalajara*. Madrid, 1933- (Hay edición de Aache, de 1994)

___ *Castillos de Buitrago y el Real de Manzanares*. Madrid, 1935.

Madoz (Pascual): *Diccionario Geográfico - Estadístico - Histórico de España*. Tercera edición. Madrid, 1848-1850, 16 vols.

Marichalar (Antonio): *Riesgo y ventura del duque de Osuna*. Col. Austral, número 78. 1939.

Memorial de diversas hazañas, por Mosé Diego de Valera. Edición Mata Carriazo. Madrid, 1941.

Monumentos españoles, etc. Segunda edición. Madrid, 1953-1954, 3 vols.

Ortiz de la Torre (Elías): *La montaña artística. Arquitectura civil*. Santander, 1927.

Paz (Julián): *Castillos y fortalezas del reino*. Madrid, 1914.

Pérez de Guzmán (Fernán): *Generaciones y semblanzas*. Ediciones de La Lectura, núm. 61. Madrid, 1923.

Pirala (Antonio): *Provincias vascongadas. España, sus monumentos y artes, etcétera*. Barcelona, 1885.

Pulgar (Hernando del): *Claros varones de Castilla*. Ediciones de La Lectura, núm. 49. Madrid, 1923.

Quadrado (José María): *Valladolid, Palencia y Zamora. España, sus monumentos y artes, etc.* Barcelona, 1885.

_____ *Castilla la Nueva. España, sus monumentos y artes, etc.* Barcelona, 1885- 1886, 3 vols.

Rabal (Nicolás): *Soria. España, sus monumentos y artes, etc.* Barcelona, 1889.

Relaciones Topográficas de los pueblos de España. Lo más interesante de ellas escogido por don Juan Ortega Rubio. Madrid, 1918.

Relaciones Topográficas de los pueblos de España ordenadas por Felipe II: Provincia de Madrid. Edición de Carmelo Viñas Mey y Ramón Paz. Madrid, 1950.

Relaciones Topográficas de los pueblos de España ordenadas por Felipe II: Provincia de Toledo. Edición de Carmelo Viñas Mey y Ramón Paz. Madrid, 1951-1963, 2 vols.

La Calahorra
el último baluarte de los Mendoza

Por Cristina de la Cruz de Arteaga y Falguera

Sevilla, 1970

¿Quién me mete, a estas alturas, a escribir sobre castillos de España? Cedí a un compromiso familiar, sin acordarme que ya no tengo al alcance archivos y bibliotecas genealógicas y que hablaré de memoria sobre los Mendoza. A lo sumo, en la librería conventual, tengo ahora a mano el "Castillo Interior", de Santa Teresa. Aunque no exageremos. Nunca se borran del todo las huellas del pasado. Debería confesar que, cuando visito nuestros conventos de Granada y de Extremadura, no ya en carros teresianos, sino en autobuses de línea que los sustituyen, aún se me van los ojos a los respaldos de sus asientos, donde los Amigos de los Castillos emplazan su propaganda en bellas reproducciones: Coca, Arévalo, Escalona, Cuéllar, Almodóvar del Río, la Mota..., nombres entrañables, vértebras de la geografía de España que recorrí *in illo tempore*, cuando acompañaba a mi padre, tan enamorado de ella y de sus castillos.

Un castillo montano que se alza en pronunciada colina
frente a las cumbres de Sierra Nevada, en la accitania granadina.
Aquí quiso dar muestra de su poder y buen gusto Rodrigo de Mendoza.

Creo que es perdonable, para la que fue su cronista, que empiece haciendo memoria del Duque del Infantado, Marqués de Santillana, D. Joaquín de Arteaga y Echagüe, en este 1970, centenario de su nacimiento. Por si la fecha pasa desapercibida para Madrid, a cuyo crecimiento contribuyó tanto con la presa que lleva su nombre, me permito la ingenuidad filial de recordarle. Cierto que fue un creador de riqueza, un precursor de los grandes industriales, que no se prodigaban en su tiempo entre la vieja aristocracia, aún tranquila y sin problemas en sus fincas heredadas. Volcado hacia el porvenir, tenía, sin embargo, fuertes raíces en el pasado; los castillos le hablaban de glorias pretéritas, latentes en su sangre. Creyó honrarla al hacer una romántica restauración del castillo de Manzanares, que perecía; no muy lejos de él, embelleció el de Viñuelas con una iglesia gótica, panteón que fue de D. Beltrán de la Cueva, trasladada desde Cuéllar para transformarla en armería; rehizo el de la Monclova, entre Córdoba y Sevilla; compró el de Requeséns, asomado sobre el Ampurdán y la bahía de Rosas, para vivirlo apenas dos temporadas, y, en un rasgo de gran fantasía, quiso, en lo mejor de su vida, recuperar para su casa este castillo de La Calahorra, junto a Guadix, cuando estaba a punto de caer en manos de unos norteamericanos, dispuestos a llevárselo a Nueva York, donde le había precedido su próximo pariente, el famoso patio del castillo de Vélez Blanco.

¿No sería más fácil trasladarlo a Madrid (en lo que tenía de palacio) e instalar en él sus colecciones de arte? Lampérez, el arquitecto restaurador de esa época, hizo el proyecto; una ley en Cortes autorizó la fundación perpetua de un artístico pseudomayorazgo, de utilidad pública, aunque bajo el patrocinio de la casa; pero defensores del arte granadino, con nuestro centenario Gómez Moreno en cabeza, se opusieron victoriosamente al intento. Lo recordaba Infantado, cuando mataba el tiempo metrificando sus memorias en el encierro de la Legación checoslovaca:

> *Hicieron fracasar tales empeños,*
> *en dura oposición Genil y Darro,*
> *que condenó al prohibir ese viaje*
> *a muerte irremisible a aquel palacio...*

Al escalar, años después, privada ya de un padre inolvidable, la áspera cuesta que lleva al castillo, estos recuerdos me asaltaban. Y evocaba también a esa raza indómita de los Mendoza (fue su capital Guadalajara, y su cabeza, el Duque del Infantado), tribu belicosa, constructora, prolífica, que pobló la Península de linajes y selló con su escudo innumerables iglesias, capillas, conventos, palacios, castillos: Hita, Buitrago, Jadraque, Torija... Este de La Calahorra sería ya su último baluarte al cerrarse la Reconquista. No pude contemplar sin emoción, desde la eminencia cónica donde se asienta, esa for-

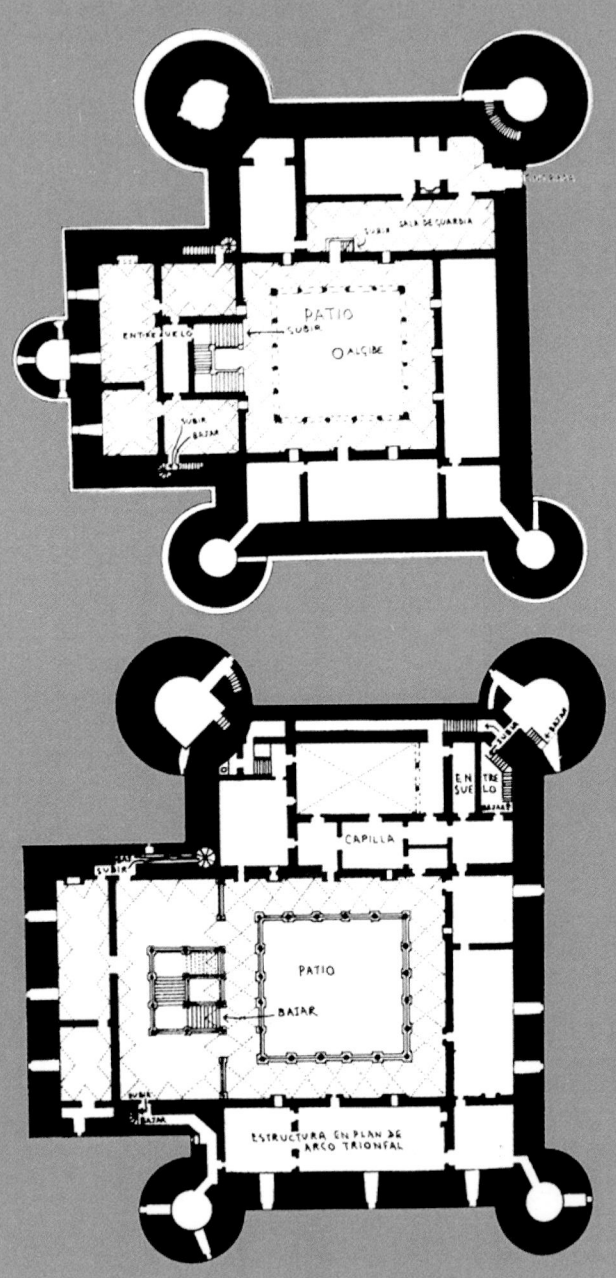

Planos de las plantas baja y alta del castillo de La Calahorra,
realizados por Edward Cooper y publicados en su libro
"Castillos señoriales de la Corona de Castilla" en 1991.

taleza imponente, con sus cuatro cubos de piedra, semejante a un gran mastín, hosco y fiero, que defendiera toda aquella tierra, confiada a su cuidado. Le guardaba las espaldas la mole corrida de las Alpujarras y, faldeándolas, se divisaban los pueblos del Marquesado del Cenete, los de nombres gallegos, árabes y castellanos: Jerez, Alquife, Lanteire, Aldeira, Ferreira, Dócar, Gueneja ..., asomados a la kilométrica llanada. Por no sé qué similitud de paisaje y de raza, se me vino a la memoria aquel otro castillo mendocino, el de El Real de Manzanares, que, al pie del Guadarrama y de los picachos de la Pedriza, rige, sobre un montículo, el valle donde corre el río que hoy forma el gran lago de la presa de Santillana.

Hay, efectivamente, un misterioso vínculo de historia y de sangre entre las dos fortalezas tan distantes.

Fundó la de Manzanares el que fue Conde de aquel realengo y primer Marqués, D. Iñigo López de Mendoza, «*el más raro y excelente caballero y señor que ha tenido España*»[8] . Fue grande y afortunado en todo:

> *Los bienes mundanos vos dan excelencia*
> *e los claros fijos la gloria más viva,*

le decía Juan de Mena[9]. Siete varones:

> *... altos, fuertes e veriles,*
> *bravos, audaces, duros, temederos*[10]

prolongaron, junto con tres hembras, que fueron también «mujeres fuertes», el apellido de los Mendoza en otros tantos linajes. D. Diego Hurtado, el primogénito, segundo constructor del castillo,

---

8   Salazar y Mendoza. *Crónica del Gran Cardenal*, Lib. 1.º, pár. 3.º, fol. 103

9   *Obras de recreación*, publicadas por Amador de los Ríos entre las del Marqués.

10   Soneto 17 del Marqués de Santillana.

Patio central del castillo de La Calahorra (Granada)

será en el real de Toro primer Duque del Infantado, con la declaración, dada por los Reyes Católicos, de *«que sois el principal grande caballero de nuestros Reinos, que conservan nuestro Estado e sostienen nuestra Corona».* D. Iñigo, primer Conde de Tendilla, es *«otro su padre, en el nombre y en todo».* D. Lorenzo encabezará a los Vizcondes de Torija, Condes de Coruña. En cuanto al quinto, Don Pedro González de Mendoza, merecerá, como el José de los hijos de Jacob, que todos sus hermanos le doblen las gavillas. De refinadísima educación y cultura, consagrado a la Iglesia desde los ocho años, Obispo de Calahorra a los veintiséis, llegará a los más altos puestos eclesiásticos, militares y civiles, hasta lograr que le llamen el tercer rey de España.

¡Da pena tener que recordar que aquel joven eclesiástico, *de gentil persona y de buen rostro y de gracioso donaire, y muy bien compuesto y ataviado en ella[11],* llamado a tan altas cumbres, tuvo sus flaquezas y que su misma gloria no le permitió encubrirlas!

Era aquel momento en que Dª Juana de Portugal, esposa de Enrique IV, son sus doce damas portuguesas, bellas y frívolas en su mayoría, trastornaban el corazón de los caballeros de Castilla, de los Mendoza entre ellos. En las fiestas suntuosísimas que festejaron las bodas de D. Beltrán de la Cueva con Dª Mencía de Mendoza, hija de Infantado, D. Pedro González de Mendoza reparó en una de esas damas, Doña Mencía de Lemos, *de linaje generoso, hermosísima y de gentil persona. Y graciosa y avisada y de gran brío[12],* y si es la misma a que alude la crónica de Hernando de Palencia, viuda de un D. Pedro de Silva. *Con el valor y persona della, con la libertad y aparejo y uso del tiempo, comenzó el Obispo* (de unos 34 años a la sazón) *a tomar afición y a servirla en palacio algún tiempo largo por la orden cortesana[13].* Pero unos dos años después, se supone que hacia el 1464, nació en Guadalajara el fruto de aquellos amores «platónicos». Se llamó D. Rodrigo de Mendoza,

11 Francisco de Medina y Mendoza. *Vida del Cardenal.* Memorial Histórico Español, tomo VI, pág. 147.

12 Francisco de Medina, pág. 167.

13 *Idem.*

vertebrador de este castillo palaciego es un patio de proporciones cuadradas,
por 20 metros, rodeado de dos plantas de galerías superpuestas de cinco
sobre columnas de orden corintio. Las galerías se cubren mediante bóvedas
ta.

po inferior de la galería presenta arcos de medio punto sobre columnas
evados capiteles corintios apoyados sobre collarinos en los que se alterna
ción a base de grutescos y elementos geométricos. Los arcos adornan su
s con flores y guirnaldas, mas anillos y roscas destacados mediante molduras,
s enjutas se representan escudos heráldicos de los Mendoza y La Cerda. La
inferior está realizada con piedra caliza de la zona, y la galería superior se
sobre arcos de medio punto descansando sus columnas sobre pedestales
por una balaustrada de mármol de Carrara. En esta galería la decoración
tra en las armas de La Cerda y Mendoza, por el matrimonio de don Rodrigo
ndoza] con Leonor [de La Cerda]. El intradós de los arcos se decora con
nes de piedra negra italiana. Finalmente, vemos en el entablamento algunas
ciones latinas con textos de salmos bíblicos, que junto a las referencias
icas grecorromanas presentes en la decoración del patio y estancias
es, ofrecen una lectura humanista de este edificio.

Escudo de armas
con los blasones de
Mendoza y La Cerda,
en el patio de La Calahorra.
Correspondería a Doña
Mencía de Mendoza, hija del
marqués don Rodrigo, y de
su primera esposa Leonor
de la Cerda. Al parecer, el
marqués construyó este
castillo palaciego para ella,
para su hija, la culta doña
Mencía.

el futuro constructor de La Calahorra. ¡Y no sería el único! Le sucedió su hermano segundo, D. Diego, que debió nacer hacia el 1468 (si es cierto que su padre era ya entonces Obispo de Sigüenza), y en el castillo de Manzanares, donde D. Pedro "puso" a Dª Mencía cuando, por prisión de la Reina en Alaejos, se vieron sus damas solas y desamparadas en reino extraño. Allí vivió varios años Dª Mencía y es probable que ambos niños se criaran junto a su madre en un ambiente castillero que dejó huella...

Años después, cuando, en 1476, en Toro, los Mendoza habían asegurado ya la corona de los Reyes Católicos, el Cardenal presentaba a la Reina «dos hijos de sus pecados». Dice la tradición que Dª Isabel contestó: *Cardenal, sois grande hasta en vuestros pecados*.

Lo cierto es que, a 15 de junio de 1476, en Tordesillas, la Reina dio Cédula de legitimación en favor de los dos hijos que D. Pedro González de Mendoza declaró haber tenido «*en Dª Mencía de Lemos, su madre, no siendo ella mujer casada ni obligada a matrimonio alguno*»[14].

Aun cuando los documentos reales no lo declararan, la sangre impetuosa de Don Rodrigo de Mendoza, ya señor del castillo del Cid y de las tierras de Jadraque, afirmaba su casta. A los veinte años era el más apuesto doncel de la corte y, al mando del Cardenal Arzobispo de Toledo, General de la hueste, en ausencia del Rey, se lanzaba a

---

14   Archivo de Osuna. Leg. 1762.

la guerra de Granada y emulaba el valor guerrero de sus primos, los hijos del segundo Duque y los Condes de Tendilla y Coruña, de la segunda generación.

Las sucesivas levas de la campaña le vieron siempre en el puesto de honor. Estuvo en 1486 en la conquista de Loja, que dejó a Guadalajara «yerma de varones», en seguimiento del Duque D. Íñigo, que los acaudilló varonilmente y a gran costa. Vio lucirse allí las excepcionales dotes de Gonzalo Fernández de Córdoba, que era también Mendoza (Dª María, hija del primer Duque del Infantado, fue esposa del segundo Conde de Cabra). Salió de nuevo, en 1487, para la toma de Vélez Málaga y de Málaga misma, en la que los caballeros, sus parientes, porfiaban tanto en señalarse unos con otros, que fue menester que el Cardenal los castigase para que no se desmandaran sin su orden o la del Rey[15].

En 1489, en Jaén y en el sitio de Baza, volvió a destacar el valor más que temerario de D. Rodrigo, cuando derribaron los moros el brazo y el pendón de Juan de

15   Crónica de Hernando de Pulgar. Cap. CVll.

Perea, abanderado del Cardenal, y él recobró el estandarte, descabalgando briosamente, entre tiros de ballestas y espingardas. Cayó Baza a 4 de diciembre. Tomadas Almería y Guadix, los Reyes hicieron merced al Cardenal de España de la Calahorra y demás lugares del Cenete.

Ya Inocencio VIII, por bula de enero de 1488, había autorizado a D. Pedro González de Mendoza a disponer de sus bienes libres, heredados o adquiridos, en pro de sus consanguíneos, amigos y familiares, «*como también si... (por la fragilidad humana) hubiese tenido y procreado hijos*», habilitándos, y legitimándolos por la autoridad apostólica[16]. Fernando el Católico, a su vez, expidió cédulas de legitimación en Jaén, por mayo de 1489. El día 12 de este mismo mes, la Reina Dª Isabel, en Córdoba, le daba su licencia para que instituyese un mayorazgo, dos, tres o más, en favor de D. Rodrigo y D. Diego, «*hijos de Dª Mencía de Lemus*», y D. Juan, hijo de Dª Inés de Tovar y Toledo[17].

En esta ocasión, caballeros portugueses vinieron a pedir la mano de la Infanta Doña Isabel para el Príncipe D. Alonso de Portugal; se celebraron las bodas con magnificencia, y el Gran Cardenal fue encargado de llevar a la Princesa hasta la raya del Reino, con un gran acompañamiento de sobrinos suyos: el Arzobispo de Sevilla, seguido de toda la clerecía y nobleza del Reino, que se vistió de jerga y cortó las colas de sus caballos, como solían hacerlo los vasallos en la muerte de sus señores.

En sus treinta, el Marqués del Cenete quedaba huérfano. ¿Quién sujetaría su inquieto temperamento? No se le logró el recién nacido. En el castillo del Cid o de Jadraque, nido de su primer matrimonio, dicen que la joven Marquesa Dª Leonor murió de celos en 1499.

¿Qué haría D. Rodrigo para rehacer su casa? Por de pronto siguió su estrella aventurera. Ya no había guerra contra la morisma, pero las campañas de Italia ofrecían palenque a los caballeros nacidos para llevar la espada al cinto. El hijo segundo del Cardenal ganó bizarramente, en Nápoles, sus Condados de Mélito y de Aliano,

---

16   Osuna. Leg. 1760. Original en pergamino.

17   Cajón 8, leg. 2, núm. 3. Leg. 1760 del Archivo de Osuna.

Algunos ejemplares de capiteles y ménsulas
que se distribuyen por el patio central del castillo
y por muros, vanos y estructuras.
Esta decoración tiene el aire indiscutible del Renacimiento italiano,
y sería tallada por el grupo de canteros que mandó venir de Italia
el Marqués Don Rodrigo de Mendoza, constructor de La Calahorra.

dueño ya del señorío de Alberique, en Valencia, y de la villa de Almenara, en la Mancha de Toledo. Mereció en Ceriñola que el Gran Capitán dijera de él *que Don Diego de Mendoza había obrado como sus abuelos.* D. Rodrigo lució de nuevo en Italia su valor guerrero y sus temibles dotes de seducción. Alejandro VI (que cuando era Cardenal Legado llevó el capelo a Mendoza y fue espléndidamente obsequiado en Guadalajara) quiso casarle con su hija Lucrecia, pero, ya en septiembre de 1504[18] era Julio II el que daba sus rescriptos para que se entendiera el proceso motivado por la boda secreta del Marqués del Cenete con Dª María de Fonseca, esa jovencita, apenas divisada en Olmedo, a la que raptó de su colegio de las Huelgas y que fijó por fin el corazón veleidoso de su conquistador.

Era menester tan larga historia para comprender la aventura en piedra que supuso la construcción de este castillo de La Calahorra. No contento con vivir de nuevo en su fortaleza de Jadraque, donde nació, el 1 de diciembre de 1508, su hija mayor, Doña Mencía, D. Rodrigo de Mendoza soñó con la construcción de un castillo a su gusto, en el bravío centro de sus estados granadinos, que debían hacerse fuertes contra las rebeliones de los moriscos. Tal vez porque no le autorizaron en tiempos a hacerse su castillo en la Zubia, declaró jactancioso que haría una fortaleza *para refugio de vasallos ofendidos por sus Reyes.* Llamó a Lorenzo Vázquez, el arquitecto castellano de su padre, que en 1509 comenzó el imponente cascarón del castillo, que aún nos sobrecoge y amedrenta. Pero en la boca misma del león quiso encontrar su panal de miel.

No puedo olvidar el impacto que produce el patio de la Calahorra a quien, por primera vez, después de cruzar el espeso portón del castillo, combatido por todos los vientos, entra en la estrecha nave del cuerpo de guardia, sube la escalerilla adosada a su muro y, al llegar al descansillo, gira a la izquierda y se enfrenta con esa aparición deslumbradora. Frente a la España feudal surge la Italia renacentista.

Se ha dicho que los Mendoza, en ese siglo XV, que llenó su nombre, fueron los adelantados del Renacimiento español. Cierto

---

18   Os. 1973-6.

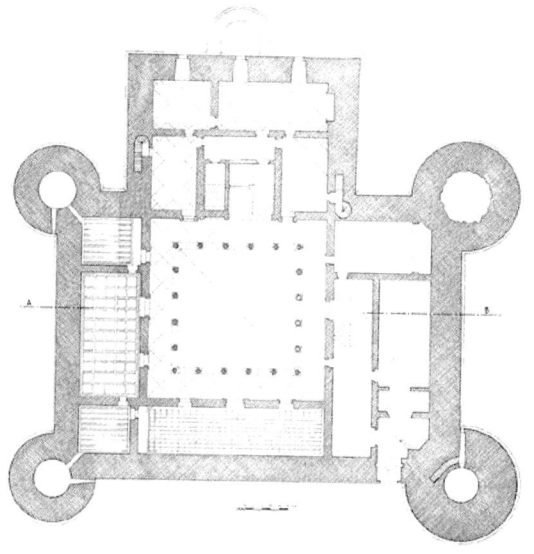

Planta general del castillo mendocino de La Calahorra.

que eran gente abierta a todos los horizontes. Santillana compró vírgenes flamencas para Buitrago y para Sopetrán, introdujo armas y monedas francesas, se hizo pintar con la hopalanda negra por Jorge «*el Inglés*», pero también tradujo al Petrarca en sus nuevos sonetos *fechos al itálico modo*. Sus hijos mantuvieron en iglesias de su fundación el arte de Cluny; dieron paso, con la Condestablesa Dª Mencía de Mendoza y Figueroa, al *flamboyant* de Simón de Colonia, en la Catedral de Burgos; labraron palacios gótico-mudéjares; Don Diego Hurtado; los Condes de Cabra, Tendilla y Coruña; D. Gómez de Figueroa, hijo de los Condes de Feria; D. Pedro Enríquez, hijo del Marqués de Tarifa. No faltaba Don Rodrigo de Mendoza, a *quien ya traía con casa*. Todos mostraron *grandes riquezas e grande ánimo para las gastar*[19].

---

19   Crónica de Pulgar. Part. 3ª, cap. 128.

Ya no faltaba más que el cerco definitivo de la ciudad codiciada, que duraría desde el 26 de abril de 1491 hasta la fiesta de la Epifanía de 1492. A él vinieron todos los grandes y caballeros de Andalucía: Cádiz, Escalona, Cifuentes, Cabra, Ureña..., y vino el Duque del Infantado... *muy como señor y muy bien acompañado de muchos caballeros de su linaje*[20]. D. Rodrigo de Mendoza compartió los hechos de armas de aquella guerra caballeresca, vio al Cardenal recibiendo la entrega del triste Rey Boabdil y enarbolando su cruz de plata de Primado en la Torre de la Vela, ante el ejército arrodillado, que clamaba: «¡Granada, Granada, Granada, por los Reyes Católicos Don Fernando y Doña Isabel, nuestros señores!»

Los Reyes colmaron de honores a quienes les habían servido fielmente en tan grandiosa empresa. El Cardenal ya había llegado a la cúspide de todos ellos. Optaron por dar a su hijo, D. Rodrigo de Mendoza, las tierras del Cenete, con título de Marquesado, el Condado del Cid, sobre las de Jadraque, y los palacios de Don Nuño, cerca de Granada. Más aún: le desposaron en su presencia, en Medinaceli, con D.ª Leonor de la Cerda, sobrina del Rey Católico, por nieta del Príncipe de Viana, hija única y sucesora de D. Luis de la Cerda y Mendoza (el predilecto sobrino del Cardenal) y de D.ª Ana de Navarra, duques de Medinaceli. Un niño, D. Luis, nacería de esta unión, que hubiera dado la varonía de Mendoza a la Casa de Medinaceli.

Pero... «*la figura de este mundo pasa*». Cumplida con creces su misión guerrera, política y eclesiástica, el Gran Cardenal se retiró a Guadalajara a preparar su testamento y el encuentro de su alma con su Juez y Señor: *no devo a ninguna de mis Iglesias* -decía- *ni llevo querella de parte, delante de Dios, lo que es entre mí y El, El y yo nos avendremos*[21]. Murió en Guadalajara un domingo 11 de enero de 1495, con admirables sentimientos de humildad y penitencia, dejando a la Reina -que le visitó varias veces- por albacea de sus últimas voluntades y ejecutora de su proyectado sepulcro.

---

20   Anónimo continuador de la Crónica. 9. de A. E. Tomo LXX, pág. 515.

21   Salazar y Mendoza. Lib. 2.º. cap. XLV, fol. 360.

Dioses de la Antigüedad en las jambas de la puerta del Salón de los Marqueses: Hércules, Ceres, Apolo y Venus, todos ellos sacados de los dibujos del Codex Escurialensis que trajo Rodrigo de Mendoza de su viaje a Italia.

Escudos militares, panoplias frutales y cartelas
con el nombre del propietario y constructor,
Marqués Rodrigo de Mendoza.

Su sobrino el segundo duque del Infantado construyó en Guadalajara uno de los más aparatosos palacios de España. Eran los finales del siglo XV y se procuró un amplio grupo de alarifes que, bajo la dirección del borgoñón Juan Guas, importaron el gusto manuelino de Portugal; trajeron, de su contacto con Granada, los artesonados dorados, las fuentes a ras de tierra, que darían un acento árabe a los interiores del palaciazo de Guadalajara. Fue, sin embargo, el Cardenal Mendoza el primero que, en Santa Cruz de Valladolid, se empeñó en imponer la manera antigua, o sea, el arte clásico que venía de Italia. Se enterró a su sombra, bajo el arco sepulcral de la capilla mayor en la catedral primada, y su hermano, D. Pedro, el Adelantado de Cazorla, y su sobrino, D. Diego Hurtado de Mendoza, el Arzobispo de Sevilla, imitarían su ejemplo, en sus hornacinas de San Ginés de Guadalajara y de la catedral hispalense.

Don Rodrigo de Mendoza no tuvo que esperar influencias de fuera. Había visto y gustado en la misma Italia la belleza que sus antepasados envidiaran. Concibió la audaz empresa de revivirla en la aspereza de sus estados de la Alpujarra. No le detuvieron las enormes dificultades de la distancia, del transbordo por mar, del terreno abrupto y solitario. Su capricho no conocía obstáculos. Se trajo de Génova a uno de los mejores arquitectos-escultores de Lombardía, Michele Cardones, que llegó en diciembre de 1509 a La Calahorra y envió dibujos y medidas a sus colegas para que le tallaran, en mármol de Carrara, balaustradas, capiteles, veinticuatro columnas, portadas... Todo vino con la mayor rapidez posible, pero era tan grande la impaciencia del Marqués del Cenete, que contrató en junio de 1510 a siete marmolistas, cuatro de Lombardía y tres de Liguria, para que, sobre el terreno mismo trabajaran no ya en mármol, sino en la piedra local[22]. En 1511 se despidió el arquitecto; en 1513 ya vivían los Cenete en su palacio, y gozaban de ese patio sereno, equilibrado, con sus dos alas; abierta la una hacia el cielo, con su pozo aljibe; ocupada la otra por la hermosa escalera que remata en amplia planicie abovedada, deliciosa para el descanso y la convivencia.

---

22 Lo ha historiado recientemente, con mucha competencia, Olga Raggio en su trabajo *El patio de Vélez Blanco*, traducido por Carmen Gómez-Moreno. Pub. de la Universidad de Murcia, 1968.

Los más bellos motivos del Renacimiento italiano, proceden-
tes algunos, según parece[23], del *Códex Escurialense*, que fue de la bi-
blioteca del Cardenal D. Diego Hurtado de Mendoza, primo de D.
Rodrigo, se ofrecían, como regalo de la vista, en los marcos de las
ventanas, de las puertas, en el solemne arco de la sala de justicia o en
las decorativas chimeneas. Presidiéndolo todo, los escudos parejos
de él y de ella, los nombres repetidos de RODERICVS DE MENDOZA y
de MARÍA DE FONSECA.

* * *

Lejos del nidal de sus amores descansan los Marqueses del
Cenete en el hermoso mausoleo que les dedicó su hija y heredera
en la capilla de los Reyes del convento de Predicadores de Valencia.
Sus efigies tumbales (D. Rodrigo murió en 1523) son el testimonio
de su paso por la tierra.

No les dio sucesión Dª Mencía de Mendoza, segunda Marquesa
del Cenete, pese a sus dos matrimonios, con D. Enrique de Nassau,
camarero mayor de Carlos V, y con el viudo de la Reina Dª Germana
de Foix, el Príncipe D. Fernando de Aragón, Duque de Calabria. Ni
la tuvieron tampoco de la segunda hija, Dª Catalina, casada con D.
Juan Sánchez de Velasco y Tovar, primer Marqués de Berlanga. En
cambio, la más pequeña, Dª María de Mendoza, que se concertó en
el castillo de Jadraque (19 febrero de 1534) con D. Diego Hurtado
de Mendoza, Conde de Saldaña y heredero del Duque IV del
Infantado, injertaría de nuevo la sangre de D. Rodrigo de Mendoza
en el tronco de donde saliera.

---

23 Descubrió y compaginó estos bocetos Santiago Sebastián, que,
    después de dar a conocer sus estudios en varias publicaciones
    extranjeras. los resumió en el artículo: *Los grutescos del palacio de La
    Calahorra*, en "Revista Goya", núm. 93, página 144. Madrid, 1969.

Escenas mitológicas en los frisos de las puertas
del palacio de La Calahorra. Son obra del artista genovés
Michel Carlone, a quien el marqués de Cenete mandó venir a
comienzos del siglo XVI para continuar la decoración
del gran castillo palacio construido en sus tierras granadinas.

Queda, como un testamento en piedra, el castillo de La Calahorra[24]. Sus muros, con cuatro metros de espesor, son invulnerables; la propiedad conserva con cuidado los tejados protectores. Mas, ¡ay! no hay defensa contra esos hielos terribles de Sierra Nevada, que cortan como cuchillos el mármol de las cornisas y de las balaustradas. Haría falta —y que los artistas me perdonen— amparar el patio con un techo de cristal, como el de Vélez Blanco, en Nueva York. El castillo vive una lenta agonía que ya pide auxilio. Quisiera lanzar un S. O. S. en su nombre. Habría que darle un fin práctico que justificara su restauración, no muy difícil por otra parte. Hoy, que nos invade la afición turística, cuando se habla de una pista Granada-Almería, que pasará muy cerca de sus fundamentos, ¿no habría manera de interesar en su favor al Duque, su dueño, al Ministerio de Información y Turismo, a la Dirección General de Bellas Artes, a los intelectuales granadinos, que impidieron su éxodo, para que esa joya única de nuestra historia y de nuestro arte quede al alcance de cuantos quieran gozarla?

¡No sé qué haría por evitar su «muerte irremisible»! Escalé su cumbre soñando con hacer en el castillo una fundación contemplativa. Pero... otras, a las que no puedo renunciar, pesan sobre mis hombros, y los tiempos no están para más desatinos.

---

24 Don Vicente Lampérez y Romea le dedicó un interesante folleto: «*El castillo de La Calahorra (Granada)*", Madrid, 1914, y su discurso de recepción en la Real Academia de las Historia versó sobre «*Los Mendoza del siglo XV y el castillo del Real de Manzanares*», Madrid, 1916. Ambos muy eruditos y desde un ángulo arquitectónico.

Nota aclaratoria y agradecimientos

Esta publicación ha sido posible gracias a la generosidad de las familias de los autores, que han dado su consentimiento para la publicación de estos olvidados escritos que nos traen nuevas noticias de elementos patrimoniales que hacen más grande la Patria en la que surgieron y en la que aún habitamos.

De ahí nuestro agradecimiento a los señores de Marín y Hueso, herederos de don Federico Bordejé, y a la Excmª Srª Dª Almudena de Arteaga, actual duquesa del Infantado, quien tuvo por tía abuela a sor Cristina de la Cruz de Arteaga y Falguera, por habernos dado el permiso para sacar a luz, en forma de libro, estos escritos con más de 50 años de veteranía a sus espaldas.

La revista "Castillos de España", que desde 1953 es órgano de expresión y de investigación de la Asociación Española de Amigos de los Castillos, publicó en 1970 un número en el que se reunían diversos aspectos de los castillos y fortalezas relacionadas con el linaje de los Mendoza, y más especialmente con el de su cabeza, los duques del Infantado. Recoger un escrito de Federico Bordejé sobre este tema, era todo un hito en la castellología hispana, al tiempo que se sumaba otro escrito, más breve, de la superiora de la Orden de San Jerónimo, la historiadora sor Cristina de Arteaga y Falguera, hermana a la sazón del duque del Infantado, y autora ella misma de un gran estudio, en dos tomos, que con el patrocinio de la Grandeza de España, apareció en 1940 bajo el título de "*La Casa del Infantado, cabeza de los Mendoza*". En él la intelectual de estirpe mendocina resumía su saber sobre uno de los edificios propiedad de su casa, y hasta entonces muy poco considerado, el castillo de La Calahorra al pie de la Sierra Nevada granadina.

Unas palabras que al número quiso poner de preámbulo el Marqués de Lozoya, director general de Bellas Artes que había sido, y él mismo estudioso de los fastos castellanos en arte e historia, completan este pequeño volumen que alegrará, a buen seguro, a cuantos aficionados a la castellología quedan aún militantes por nuestra "Tierra de Guadalajara".

Queremos, en fin, recomendar la lectura del trabajo que en 1995-97 desarrolló el investigador Miguel Ángel León Coloma titulado "*Un programa ornamental italiano: las portadas del palacio de La Calahorra*" que vio publicado en la Revista "Cuadernos de Arte de la Universidad de Granada" y que viene a ser un complemento muy aclaratorio de lo aquí escrito por sor Cristina de la Cruz de Arteaga. A ello debe añadirse, como actualización definitiva, el libro publicado por este mismo autor en la Universidad de Granada, en 2020, titulado "*El marqués de Cenete y el castillo-palacio de La Calahorra*"

Índice topográfico

Alcocer, 43
Alcorlo, 43
Algar de Mesa, 43
Almazán, 45
Almenara, 51
Anguix, castillo de, 43
Argecilla, 43
Argüeso, 22
Arrazúa, Anteiglesia de, 25, 29
Arteaga-Gabresi, torre de, 27
Arteaga-Gaustéguiz, 24
Arteaga, Castillo de, 24
Ayora, 57
Azpeitia, torre de Loyola, 31
Bayuela, castillo de, 55
Baza, 73
Beléndiz, torre de, 29
Beleña de Sorbe, 43
Buitrago, 35, 39
Calahorra, La, 58, 63 y ss.
Canala, torre de, 25
Cañada del Hoyo, 50
Cañete, 49
Castilforte, 43
Castilnuevo de Molina, 43
Cogolludo, 43
Cores, 33
Coruña del Conde, 53, 54
Elgóibar, torre de Olaso, 31
Erandio, 27
Escamilla, 43
Escopete, 43
Espinosa de Henares, 43

Estepa, 59
Fuentes de Andalucía, 59
Galve de Sorbe, 43
Gamir, Anteiglesia de, 17
Guadalajara, alcázar de, 42
Guadalajara, iglesia de San Ginés, 81
Guadalajara, palacio del Infantado, 80
Guadix, 65
Güeñe, 33
Guernica, 25
Gumiel de Izán, 53
Hita, 35, 39, 43
Inesque, castillo de, 43
Jadraque, castillo de, 41, 43
Lazcano, 30
Lazcano, Casa fuerte de, 30, 32
Lazcano, Casa solar de, 33
Lazcano, torre de, 33
Leguizamón, torre de, 15
Liébana, valle de, 21
Lombardía, 81
Loranca de Tajuña, 43
Manzanares, Real de, 36, 40, 72
Maqueda, 56
Mendoza, torre de, 15
Mochales, 43
Monclova, castillo de la, 59
Mondéjar, 43
Montalván, torre de, 26
Monteagudo de las Vicarías, 45
Mujica, torre de, 28

Mundaca, 25, 26
Museo de la Heráldica de Álava, 17
Orozco, valle de, 13
Palazuelos, 43
Pando, 17
Pastrana, 43
Pioz, castillo de, 40, 42, 43
Potes, 21
Priego, 52
Raya, Castillo de la, 47
Reinosa, 22
Rello en Soria, 47
Salcedo, Valle de, 33
Saldaña, 54
Salmerón, 43
Santamera, 43
Santander, 23
Santillana del Mar, 18
Sopetrán, monasterio de, 77
Tamajón, 43
Távara, 54
Tendilla, 43

Tordehumos, 52
Torija, 43, 44
Torre de Esteban Hambrán, 55, 56
Torre del Infantado, 21
Torre del Merino, 18
Torrelanda, 15
Torrelavega, 17
Torresaviñán, 43
Trijueque, 43
Ugarte, anteiglesia de, 28
Ugarte, torre de, 17
Valfermoso de Tajuña, 43
Vélez Blanco, 58, 81, 84
Vélez Málaga, 73
Viana de Mondéjar, 43
Villafranca de Orio, 32
Viñuelas, 60
Vizcaya, señoríos de, 14
Zamudio, Anteiglesia de, 27
Zamudio, torre de, 27
Zorita de los Canes, 43
Zubia, castillo de la , 77

HÍZOSE

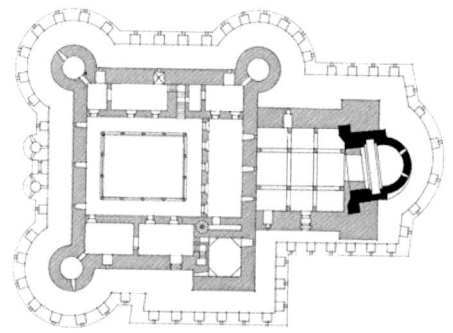

este libro dedicado a recordar los
castillos del linaje de la Casa del Infantado
y muy en especial el castillo/palacio
de La Calahorra en tierras accitanas,
en los estudios de la editorial Aache
de Guadalajara, y acabóse
de imprimir el día
21 de marzo de 2024
al inicio de la primavera
de este año,